O princípio da igualdade no Direito Penal brasileiro

UMA ABORDAGEM DE GÊNERO

P584p   Piazzeta, Naele Ochoa
         O princípio da igualdade no Direito Penal brasileiro: uma abordagem de gênero / Naele Ochoa Piazzeta. — Porto Alegre: Livraria do Advogado, 2001.
         181p.; 14x21cm.

         ISBN 85-7348-171-4

         1. Isonomia constitucional: Direito Penal.
         I. Título.

                              CDU   343.2:342.724

         Índice para o catálogo sistemático:
         Isonomia constitucional: Direito Penal

(Bibliotecária responsável: Marta Roberto, CRB-10/652)

Naele Ochoa Piazzeta

O princípio da igualdade no Direito Penal brasileiro

UMA ABORDAGEM DE GÊNERO

livraria
DO ADVOGADO
editora

Porto Alegre 2001

© Naele Ochoa Piazzeta, 2001

Capa, projeto gráfico e diagramação
Livraria do Advogado Editora

Revisão
Rosane Marques Borba

Direitos desta edição reservados por
Livraria do Advogado Ltda.
Rua Riachuelo, 1338
90010-273 Porto Alegre RS
Fone/fax: 0800-51-7522
info@doadvogado.com.br
www.doadvogado.com.br

Impresso no Brasil / Printed in Brazil

Para *Vinícius* e *Rodrigo*,
meus filhos, grandes companheiros.

Prefácio

Um novo olhar da mulher sobre a principiologia constitucional

Acedi prontamente à honra de prefaciar a obra de Naele Piazzeta, fruto de suas pesquisas junto ao programa de Mestrado em Direito da Pontifícia Universidade Católica do Rio Grande do Sul. Nela encontrei a busca incessante da aplicabilidade do princípio da igualdade, não como um ato tardio de uma revolução francesa que estendeu seu mote ao mundo, e fez dele um virtual sujeito ideológico repleto de justiça formal, mas sim um libelo capaz de forjar-se no respeito ao ser humano, e de se destacar orgulhoso e superior às querelas humanas surgidas da prepotência do poder.

O olhar frutificado nessa investigação científica é ímpar e especial, longe de mera reprodução das querelas do poder, este que fora fundado, ao longo dos tempos, num olhar oblíquo ao outro, reconhecendo-o inferior porque desigual. A mirada encontrada neste trabalho resultante de desprendimento e coragem desejosa o é, porque localiza tal busca no espaço, no pensamento atual, aberto e interdisciplinar, interrogante e questionador.

Há, pois, uma base essencial nos princípios e, por isso mesmo, na ética, mas não a da compaixão, e sim a da projeção do sentimento de respeito para consigo mesmo ao outro (o ser que guarda em si, no seu individualismo, uma fração comum aos demais, aquele que se reconhece diferente, porque igual). Eis aqui, agora, nas mãos dos leitores, o êxito dessa caminhada bem principiada, ciente das dificuldades e da complexidade temática na sociedade contemporânea.

Sabe que seu labor demanda a realização de direitos fundamentais, não efetivos em uma sociedade embebida pelo discurso no humanismo, mas que ainda evidencia relações sociais imersas em uma concepção de humanidade discriminadora e desigual, que se tocada pelo questionamento desnuda-se de sua pretensa bondade, e revela-se crua, bruta, e impositiva, porque moldada no mesmo barro que constituiu Adão, porque sexuada na origem e no desenrolar do pensamento ocidental.

Apreende-se, pois, que para além de ser decretada, a igualdade precisa se sedimentar no coração do ser humano. Questões dessa magnitude estão presentes no trabalho de Naele, inclusive ao tratar da hierarquia entre princípios constitucionais e leis ordinárias, submetendo ao questionamento estas, que, por vezes, não estão em ressonância com a expressão maior do direito: a Constituição substancial da sociedade.

No desenvolvimento de sua investigação científica, discute precisamente a adequação da lei ordinária penal aos princípios constitucionais, focando suas atenções no princípio da igualdade e no da liberdade, já que sua preocupação é a de analisar o tratamento legado à igualdade entre os gêneros, e evidenciar o preconceito com que algumas normas penais tratam o homem e a mulher.

A autora traz a relevo o princípio da igualdade aplicado à diferença de gênero na lei ordinária penal. Para tanto, fez-se necessária a reflexão sobre o papel social da mulher, e as mudanças ocorridas no seio da sociedade que propiciaram à mulher a sua caracterização como ser humano capaz, igualmente suscetível às paixões e aos medos que afligem o homem, igualmente passível de agir dolosa ou involuntariamente.

O maior obstáculo à aproximação do conceito de igualdade ao de justiça reside na própria cultura social, pois é nela que seus signos se encontram com seus respectivos valores. Assim, vislumbram-se a cultura jurídica e a social inseridas numa concepção patriarcal de sociedade, que tem por premissa o homem forte, honesto, trabalhador, capaz, e a mulher frágil, propensa ao equívoco, ao engano, à submissão, incapaz de se defender. Nada mais artificial e falso.

Disso decorre, na conclusão acertada de Naele, o lugar da mulher na ação penal. Nos delitos de aborto e infanticídio, a autora encontra o princípio da igualdade incidindo soberanamente, ou seja, a mulher é considerada responsável perante o Estado pelos crimes que praticar. Em outros delitos, contudo, vê-se, ainda, a presença de uma mentalidade patriarcal intrínseca à lei, que discrimina tanto o homem quanto a mulher. Esse é o caso dos crimes contra a liberdade sexual, aos quais se refere o Código Penal brasileiro por meio do termo *costumes*. Nesses crimes, a figura da mulher é tomada como frágil, inocente, constituindo tão-somente sujeito passivo da relação jurídica penal, discriminando o homem, pois somente este é tido como sujeito ativo da relação.

Discriminam, ainda, as mulheres. De um lado, por colocá-las em uma situação inferior frente aos homens, na medida em que diz ser a mulher apenas sujeito passivo da relação, de outro, por trabalhar com idéias que expressam o tratamento diferenciado que recebem as mulheres face aos homens e às outras mulheres.

Essas idéias operadas no sentido de caracterizar uma preocupação de definir a honestidade na mulher já carrega no bojo um latente preconceito: o de que o homem é honesto por natureza, e, assim, não carece o direito de se preocupar em defini-la no homem. Para além dessa constatação, a mulher é submetida a uma verdadeira dissecação de sua intimidade, de sua vida privada, para suprir uma condição expressa na norma penal para que ela seja protegida pelo direito, ou seja, não basta ser mulher para que o direito reconheça o seu direito, mas deve ser uma mulher honesta para que o direito reconheça o dever de defender o bem tutelado que na mulher fora lesado.

Desse modo, conclui a autora ser imprescindível a alteração de algumas normas penais para que elas estejam em concordância com o princípio de igualdade que emana da Constituição Federal brasileira. A mulher, pois, deve ser reconhecida em sua especificidade, para que dela nasça o respeito à diferença, mas uma vez inserida na sociedade guarda uma similitude com os demais seres humanos nela também inseridos, e deve, por conseguinte, ser encarada como igual, no respeito ou desrespeito às medidas normativas que visam à manutenção do bem-estar social.

Vê-se no texto que se segue, portanto, um constante descompasso e um abismo considerável entre o princípio constitucional e a lei ordinária penal. Tal situação encontra razões na diferença existente entre um sistema normativo ideológico e uma sociedade em que figuram costumes profundamente arraigados, sendo estes fruto de uma ideologia dominante de outrora, mas ideologia esta que sedimentou uma verdade nas mentes de homens e mulheres, com a qual estes filtram as imagens do mundo; ideologia esta que instituiu realidade, e de difícil extração.

Importante notar que não só a discriminação no corpo da norma é uma contradição no seio dessa nova tendência principiológica do Direito. A reboque das transformações sociais, o debate capta questões no mais puro reflexo de uma diluição do princípio da igualdade no coração daquele determinismo biológico que tudo explica, que coloca a mulher em um papel secundário, e no espírito daquela ideologia que dissemina a supremacia do homem. Enfim, é o contemporâneo debate entre o humano e o desumano no coração de uma sociedade onde a noção de igualdade é manipulada, mas só manipulada porque presente.

Essas são razões mais que suficientes para destacar a honra com que tentei desincumbir-me da ousadia de prefaciar essa pesquisa, estimulado pelos questionamentos da autora que me impulsionaram a superar minhas próprias precariedades para adentrar em tão luminoso e complexo debate.

Com a palavra, Naele Piazzeta.

Luiz Edson Fachin
Professor da Faculdade de Direito da UFPR

Sumário

Introdução 15
1. Fundamentando o pensado 25
  1.1. Uma história imaginada 25
  1.2. A história instituída 38
2. A construção do princípio da igualdade 51
  2.1. Gênero e igualdade: o elo perdido 51
  2.2. Distinção entre sexo, identidade sexual, gênero e identidade de gênero 63
  2.2.1. A formação da identidade de gênero 67
  2.3. A evolução do princípio da igualdade no Direito Constitucional brasileiro 74
3. A lei penal na história das mulheres 95
  3.1. Os crimes próprios da mulher 95
  3.1.1. O delito de aborto 107
  3.1.2. O infanticídio 123
  3.2. Os crimes contra a mulher 141
Conclusão 161
Bibliografia 175

Introdução

> Um homem não teria a idéia de escrever um livro sobre a situação singular que ocupam os machos na humanidade. Se quero definir-me sou obrigada inicialmente a declarar: 'sou uma mulher'. Esta verdade constitui o fundo sobre o qual se erguerá qualquer outra afirmação. Um homem não começa nunca por se apresentar como um indivíduo de determinado sexo: que seja homem é natural.
>
> Simone de Beauvoir

O tema desenvolvido neste livro diz profundamente com o meu próprio sentimento, com a minha sensibilidade, com a ânsia de fazer com que o mundo jurídico, especialmente no que se refere ao Direito Penal, passe a ver a mulher através de um novo olhar, mais humano, justo e igualitário.

Escrever é uma árdua tarefa. Exige de quem a enfrenta a paciência de um monge tibetano, a força de um Hércules e a humildade de um Buda. Mas, ao escolher-se um ponto dentro do imenso ordenamento jurídico brasileiro e estando este ponto em harmonia com toda uma forma de encarar a vida, com todos os projetos pessoais e expectativas enquanto ser humano, escrever passa a ser, acima de tudo, um exercício de prazer.

Ao eleger o estudo do gênero no Direito Penal como objeto desta pesquisa, certamente o fiz porque é a área em que atuo profissionalmente. No Direito Penal, reside a minha paixão, tanto em nível de labor advocatício quanto de cátedra.

A discussão envolvendo homens e mulheres não é nova. Há muitos anos, filósofos, sociólogos, antropólogos e estudiosos de todas as demais áreas do conhecimento humano debruçam-se sobre o assunto. Mas em momento algum como neste limiar de um novo século esta conhecida questão tomou o vulto e o caráter devidos.

E este é também um dos motivos que levaram à escolha do tema. Neste trabalho, busca-se abordar as distinções entre sexo, identidade sexual, gênero e identidade de gênero para compreender-se o que a Constituição preconiza como o princípio da igualdade entre homens e mulheres.

A Constituição Federal de 1988 teve a felicidade de entrar em vigor no momento exato em que a igualdade entre os gêneros assumia um sentido de reivindicação permanente. Não se podia continuar a desconhecer que a sociedade já clamava por tratamento equânime para os dois sexos.

As mulheres ingressaram em massa no mercado de trabalho. Rejeitaram as discriminações oriundas unicamente de seu sexo. Firmaram-se no mundo das letras, da ciência, do comércio e do jurídico, entre outros. Enfrentaram discriminação sexual no mercado, a diferença (sempre para menos) de salários, a rejeição de currículos quando assinalado o sexo feminino de seu portador, e perseveraram na luta que envolve todo o mundo ocidental.

Saíram do espaço privado, centro único dos afazeres domésticos e dos cuidados com a prole, e tomaram a praça no afã de escrever uma história social e colaborar na construção de um novo milênio. E, por intermédio de suas vozes, a cultura foi sendo modificada para acolhê-las no seio de uma sociedade mais igualitária.

Nem tudo é ainda um "mar de rosas", mas o gigantesco passo inicial foi dado. A Lei Maior do país reconhece que homens e mulheres *são iguais* em direitos e obrigações e, ao fazê-lo, curva-se à igualdade entre os gêneros.

Pode-se afirmar que foi com o Movimento Feminista que a palavra *gênero* passou a ser usada em substituição ao termo *mulheres* no intuito de afastar a sua face ruidosa e reconhecer o âmbito político das pesquisas sobre o sexo feminino.

Sexo e *gênero* passaram a ser entendidos não mais como palavras sinônimas, e sim substantivos que expressam noções perfeitamente distintas.[1] Enquanto o *sexo* compreende os componentes biológicos e anatômicos de cada indivíduo e o intercâmbio sexual propriamente dito, o *gênero* indica *construções culturais*, uma categoria social imposta sobre um corpo sexuado.

O sexo nasce com a pessoa. O gênero é construído a partir do assinalamento do sexo. E tanto é verdadeira esta afirmação que não basta nascer mulher, uma vez que a mulher é fruto de uma construção originada no discurso familiar, social e cultural.

Se o gênero constitui o sujeito, a identidade sexual diz com a forma como a sexualidade é vivida. O indivíduo que é, por exemplo, do sexo feminino e teve seu gênero construído para pensar e pensar-se socialmente como mulher provavelmente expressará uma identidade sexual feminina e viverá experiências de acasalamento com pessoas do sexo masculino.

---

[1] Conforme Emilce Dio Bleichmar, Robert Stöller, Maria Luiza Heilborn, entre outros, como estudar-se-á no Capítulo 2, item 2.2.

Por meio da identidade sexual, é construída a identidade de gênero, que nada mais é do que a condição mental de sentir-se homem ou mulher.

A priori, então, pode-se afirmar que a igualdade tão almejada entre homens e mulheres não é a igualdade de sexo, uma vez que ambos são inquestionavelmente diferentes em termos biológicos.

Tampouco basta dizer-se que o preceito da isonomia constitucional alcança apenas o gênero, pois ele, apenas, é insuficiente para o deslinde da questão. O gênero feminino é o resultado de um somatório de fatos: o sexo, a identidade sexual e a identidade de gênero.

Parte-se, então, para o que seja identidade de gênero - e é justamente neste conceito e nesta construção que se crê residir o nó górdio para a compreensão dos conceitos, uma vez que a identidade de gênero é a resultante de uma soma de convicções que fazem uma pessoa *sentir-se* pertencente a determinado sexo.

Homens e mulheres possuem *igualdade em direitos e deveres* dado que a personalidade jurídica é igual em ambos, e o direito tem a mesma exigibilidade ou caráter de devido para ambos os sexos, e este é o fulcro da previsão legal.

Aborda-se o sentido das palavras *discriminação* e *igualdade* em cotejo com o artigo 5º e seu § 1º e artigo 226, § 5º, da Constituição Federal, e conclui-se que o tratamento isonômico preconizado constitucionalmente refere-se à *igualdade na lei*. A própria lei não pode ser editada em desconformidade com o princípio da igualdade. O Diploma Legal que se encontrar em desacordo com a Lei Maior está revogado tacitamente, devendo ser rejeitado de plano.

Porém, na prática, esses direitos não são concedidos a homens e mulheres de forma igualitária. E é neste ponto que este trabalho encontra a sua justificativa.

Analisando-se os crimes em que a mulher figura sempre como sujeito passivo, quais sejam: posse e atentado ao pudor mediante fraude, sedução, rapto violento ou fraudulento, rapto consensual, lenocínio e tráfico de mulheres, vê-se a injusta discriminação do homem na lei e o protecionismo do Estado sobre a mulher. Não num benefício, e sim em patente *capitis deminutio*. Por que não pode ser ela sujeito ativo dos crimes em questão? Se busca-se a igualdade na lei, a isonomia entre os dois sexos em direitos e deveres, por que não se concede à mulher o tratamento equânime previsto constitucionalmente? Tratar-se diferentemente a mulher, mesmo que com o nobre intuito de protegê-la, é a mais grave forma de discriminação. A busca pela igualdade não obscurece o reconhecimento das diferenças entre os sexos. E é por isto mesmo que se abordam os crimes próprios da mulher - o infanticídio e o aborto - porque neles reside a essência da biologia feminina e a lei, a par de criminalizar estas condutas contrárias à paz social, comina penas mais brandas.

Deixa-se fora do exame proposto o crime de estupro, porque apesar de ser mais um crime contra a mulher, igualmente sujeito passivo único, não se constata nele discriminação relevante, eis proteger todas as mulheres, sem exigência de honestidade, virgindade ou idade. E, pela sistemática do Código Penal, o estupro necessita de um sujeito passivo mulher em razão de ser imprescindível à caracterização do tipo a conjunção carnal, ou seja, o intercâmbio sexual propriamente dito. A proteção exclusiva à mulher no artigo 213 não exclui do âmbito geral de tutela o homem, haja vista que no artigo 214, atentado violento ao pudor, o legislador inclui os dois sexos como sujeitos passivos de atos libidinosos diversos da conjunção carnal.

A discriminação que se busca apontar neste livro é a discriminação sexual no direito, e é por isto que se encontra nos estatutos civil, previdenciário, trabalhista, penal, etc., um terreno fértil para a análise do tratamento diferenciado concedido pela lei aos dois sexos levando em conta apenas o fato de suas diferenças biológicas, sem nenhuma outra base de sustentação que possa justificar esta patente desigualdade jurídica.

Como o ordenamento jurídico é um todo e muito amplo, o âmbito deste trabalho está circunscrito ao Direito Penal.

Dada a importância do Direito Civil, especialmente o Direito de Família, ele não poderia ser deixado totalmente de fora, pois nenhum outro ramo do direito dedicou-se com mais afinco para suplantar as desigualdades existentes entre os cônjuges e adequar-se aos preceitos constitucionais. Neste sentido, faz-se, então, uma breve abordagem da história das mulheres sob o âmbito familiar, recorrendo-se aos primórdios da civilização, passando-se pela Revolução Francesa e o Código de Napoleão e chegando-se à família moderna, enquadrada em nova moldura e baseada nos princípios do afeto, do crescimento individual de seus membros e na igualdade.

Constata-se que enquanto o Direito Civil se modernizou, passando a ser um direito constitucionalizado, o Direito Penal continua preso a critérios anacrônicos e a discriminar os indivíduos apenas em razão do sexo com o qual nasceram.

Luíza Nagib Eluf já afirmava: *"o que não se faz ao homem não se faz à mulher. Um artigo de lei não pode consolidar uma situação de injustiça"*.[2]

Como se tem um Anteprojeto de alteração do Código Penal (Portaria nº 232, de 24 de março de 1998 - Anexo A), é o mesmo analisado em cotejo com o Estatu-

---
[2] ELUF, Luíza Nagib. A Lei Penal Precisa Reconhecer a Igualdade de Gênero que a Constituição Federal Instituiu. *Revista Literária de Direito*, ano III, 1997.

to Repressivo em vigor no intuito de apontar-se a incompatibilidade da lei penal ordinária no que se refere aos artigos objeto de exame neste trabalho, visto afrontarem o princípio constitucional da igualdade.

A perfeita igualdade entre os gêneros está sendo construída. Lentamente, é verdade, mas de forma inexorável.

Homens e mulheres, com as diferenças anatômicas que os caracterizam enquanto indivíduos pertencentes a um ou outro sexo, necessitam-se, complementam-se, estão indissoluvelmente ligados para a perpetuação da espécie humana, para a vivência do amor e do sexo, mas, acima de tudo, são ambos pertencentes ao grande universo das pessoas humanas, e a igualdade almejada certamente será um sonho realizado a partir da construção de um novo discurso cultural e jurídico.

Modificando-se a cultura modificam-se as leis e chegar-se-á à chamada *equalização dos diferentes*, segundo Norberto Bobbio,[3] marca da evolução permanente da espécie.

A abordagem do tema, em razão de sua complexidade, exigiu o empréstimo de conceitos de outros campos do conhecimento porque, como diz Hilton Japiassu:[4]

"(...) nada mais há que nos obrigue a fragmentar o real em compartimentos estanques ou em estágios superpostos, correspondendo às velhas fronteiras de nossas disciplinas. Pelo contrário, tudo nos leva a engajar-nos cada vez mais na pesquisa das aproximações, das interações e dos métodos comuns às diversas especialidades. Eis o que chamamos de 'pesquisa interdisciplinar'".

---

[3] BOBBIO, Norberto. *Liberdade e Igualdade*. Tradução de Almiro Pisetta e Lenira M.R. Esteves. Rio de Janeiro: Ediouro, 1996.

[4] JAPIASSU, Hilton. *Interdisciplinaridade e Patologia do Saber*. Rio de Janeiro: Imago, 1976, p. 40.

A interdisciplinaridade permite a observação do objeto de forma ampla e torna a reflexão mais abrangente e, por conseqüência, mais sólido o conhecimento, uma vez que todos os ramos do saber humano são elos de uma mesma corrente que têm por objetivo a compreensão da realidade circundante.

Nesse sentido, usou-se como ponto de partida a Bíblia Católica e a Tora Judaica, livros que comportam duas mensagens distintas de povos com visões diferentes sobre a história da humanidade. Das Ciências Sociais tomaram-se por empréstimo as reflexões de autores como Engels, Beauvoir, Heilborn, Lèvi-Strauss que, ao analisarem a passagem da mulher da esfera privada para a esfera pública, fundamentam a origem da desigualdade sob pontos de vista diferentes. Da Psicanálise e da Psicologia foram importantes as contribuições de Freud, Lacan, Bleichmar e Stöller, entre outros, para a compreensão do conceito e da estruturação do gênero.

Mas a interdisciplinaridade não se dá apenas entre o Direito e as outras áreas do conhecimento, ela também se estabelece entre as diversas concepções da Doutrina. O Direito Constitucional interage com todas as disciplinas jurídicas, haja vista regulamentar os princípios norteadores da vida em sociedade e garantir os mais significativos direitos do ser humano. Suas linhas mestras necessitam ser colocadas em confronto com o disposto nos estatutos específicos do ordenamento jurídico.

Assim, apesar de o Direito Civil e o Direito Penal possuírem objetos totalmente diferentes e haver concepções éticas, políticas e sociológicas separando-os, porque diverso é o setor da realidade social a que se referem, conceitos indispensáveis para a compreensão do segundo são encontrados no primeiro, quais sejam os de posse, de propriedade, de detenção, de coisa móvel, de nascituro, etc. Daí a importância do trânsito livre e concomitante entre essas duas áreas jurídicas.

A elaboração desta pesquisa não poderia prescindir da doutrina nacional e estrangeira, assim como da jurisprudência pátria e das leis específicas sobre a matéria abordada, uma vez que por meio delas é que se busca dar sustentação jurídica à aplicação do princípio da igualdade na esfera penal.

Para dar conta do tema proposto, esta obra encontra-se estruturada em três capítulos.

O primeiro descreve a história da mulher através da análise dos mitos fundantes de cada sociedade, naquilo que se ousou denominar de "história imaginada". Segue tratando do ingresso feminino na esfera social e culmina com a posição que lhe foi destinada durante a evolução do Direito, precipuamente no Direito Civil.

O segundo capítulo trata da construção do princípio da igualdade, com ênfase na formação da identidade de gênero. Os conceitos de sexo, identidade sexual, gênero e identidade de gênero são analisados à luz da Constituição Federal de 1988. A máxima do princípio da igualdade assegurado na Lei Maior deveria, obrigatoriamente, percorrer os caminhos do direito infraconstitucional.

O terceiro focaliza o surgimento do Direito Penal com a inserção da mulher como sujeito ativo próprio de certos crimes e sujeito passivo obrigatório e único em outros. O reconhecimento das diferenças, base do princípio da igualdade, emerge claramente em alguns tipos penais incriminadores. Por outro lado, a discriminação injusta é patente em outros. Neste capítulo, examina-se o Anteprojeto de alteração do Código Penal.

Finalmente, é oportuno esclarecer que, para a sustentação dos dois últimos capítulos, tornou-se imprescindível a interpretação sistemática da legislação penal ordinária face à Constituição.

1. Fundamentando o pensado

> Mandou, pois, o Senhor Deus um profundo sono a Adão e enquanto ele estava dormindo tirou uma de suas costelas e pôs carne no lugar dela. E da costela que tinha tirado de Adão formou o Senhor Deus uma mulher.
>
> Gênesis 2-3

1.1. Uma história imaginada

O Direito é fruto de uma história. A própria história da humanidade. Uma história que pode ser recortada no tempo de acordo com o olhar que sobre ela for lançado, e relatada segundo a ótica que se queira abordar. Antes de falar-se em princípio da igualdade deve-se ter presente que o mesmo só foi criado pela existência de uma situação de desigualdade, que talvez remonte aos primórdios da história da humanidade.

Clarice Lispector,[5] no uso magistral da ficção que a caracteriza, diz que:

> "Tudo no mundo começou com um sim. Uma molécula disse sim a outra molécula e nasceu a vida.

---

[5] LISPECTOR, Clarice. *A Hora da Estrela*. 25. ed. Rio de Janeiro: Francisco Alves, 1977, p. 25.

Mas antes da pré-história havia a pré-história da pré-história e havia o nunca e havia o sim. Sempre houve. Não sei o que, mas sei que o universo jamais começou."

O ser humano pode ter surgido a partir da evolução das espécies, a acatar-se a teoria de Darwin; pode ter sido uma criação divina, se a Bíblia estiver correta; e também pode-se supor, segundo teses extremadas, ter vindo do espaço infinito. Várias são as teorias e elas pertencem aos domínios da ciência.

Marilyn French,[6] uma das maiores pensadoras feministas americanas, parte da análise dos mitos para remontar a origem da desigualdade a partir da trajetória das mulheres. Os mitos relatam, cada qual a seu modo, a origem dos seres humanos e são testemunhas eternas da transição da etapa matricêntrica[7] da humanidade para a sua forma patriarcal. A autora inicia seu livro *Beyond Power* da seguinte forma: "*No princípio era a Mãe, o Verbo[8] veio depois...*"[9] [10]

A análise dos mitos oriundos da cultura de cada povo sempre foi objeto de pesquisa nos mais diferentes campos do conhecimento humano. Freud e Jung, fugindo-se da filosofia e da história, debruçaram-se, cada qual a seu modo, na árdua tarefa de dissecar e compreender os aspectos psicológicos dessas verdadeiras "cartas de fundações" que têm por alvo a realidade.

---

[6] FRENCH, Marilyn. *Beyond Power*. Nova Iorque: Summit Brooks, 1985, p. 11.

[7] *Matricentrismo:* forma de associação entre homens e mulheres que não incluía nem a transmissão do poder nem a da herança, por isto a liberdade era maior em termos sexuais. Conforme ENGELS, Friedrich. *A Origem da Família, da Propriedade Privada e do Estado.* Rio de Janeiro: Editorial Calvino Ltda, 1944. Coleção de Estudos Sociais.

[8] *Verbo:* a segunda pessoa da Santíssima Trindade, encarnada em Jesus Cristo. FERREIRA, Aurélio Buarque de Holanda. *Novo Dicionário Aurélio da Língua Portuguesa.* 2.ed. Rio de Janeiro: Nova Fronteira, 1986.

[9] *In the begining was the Mother, then came the Verb...* Idem.

[10] A tradução do original em rodapé foi feita pela autora deste trabalho.

Freud buscou na mitologia grega os nomes para esboçar, de uma maneira nova e sucinta, os fatos desencadeadores das forças anímicas inconscientes. Carl Gustav Jung parte dos mitos para elaborar a sua tese dos arquétipos[11] do inconsciente coletivo que atuariam no homem moderno.[12]

Os mitos destinam-se a explicar as incontáveis formas de relacionamento entre os seres humanos: a fertilidade, a sabedoria e, sem dúvida, o poder. Mas o que é um mito? Mito, segundo Burket,[13] é "saber em histórias".

O saber mais englobante, a orientação mais genérica sobre a posição do homem na realidade circundante é transmitido como narrativa mítica, como descrição de acontecimentos passados. O mundo, tal como é, é assim explicado pelo contraste de um estado onde "tudo ainda não era como é, mas completamente diferente".

Tantos são os mitos para explicar a origem da vida que se poderia buscar nos gregos a resposta e citar Homero que, com sua *Ilíada*, conta que a origem dos deuses, da terra, de tudo enfim, encontrar-se-ia na grande corrente circular chamada Oceano.

Outro grego, Hesíodo, refuta a narrativa de Homero através de sua *Teogonia*, em que narra o surgimento da Terra e de Eros a partir de uma fenda no abismo. Com a existência de ambos foi possível o acasalamento e o

---

[11] *Arquétipo:* segundo Carl Gustav Jung, psicólogo e psicanalista suíço (1975-1961), imagens psíquicas do inconsciente coletivo que são patrimônio comum a toda a humanidade. O paraíso perdido, o dragão, o círculo, são exemplos de arquétipos que se encontram nas mais diversas civilizações. FERREIRA, Aurélio Buarque de Holanda. *Op. cit.*

[12] JACOBI, Jolande. *Komplex, Archetypus, Symbol in der Psycologie von Carl Gustav Jung.* Zurich: [s/e], 1957.

[13] BURKERT, Walter. *Mito e Mitologia.* Rio de Janeiro: Ed. 70, Brasil Ltda., 1991, p. 41.

surgimento do Escuro, da Noite, do Dia, do Céu, das Montanhas e do Mar.[14]

Retomando-se à linha inicial deste trabalho, deve-se ter presente que nada em termos de sociedade[15] surgiu por acaso. O discurso cultural[16] foi-se modificando de acordo com os interesses dos grupos mais fortes, e é justamente aí que se devem analisar os mitos norteadores de cada grande período da história da humanidade, segundo French.[17]

No primeiro deles, o mundo é criado por uma deusa mãe sem o auxílio de ninguém. No segundo, este é criado por um deus andrógino ou um casal criador. No terceiro, um deus macho ou toma o poder da deusa ou cria o mundo sobre o corpo da deusa primordial. Finalmente, no quarto período um deus macho cria o mundo sozinho.

[14] VAYNE, Paul. *Acreditaram os Gregos nos seus Mitos?* Lisboa, Portugal: Ed. 70 Ltda., 1987.

[15] Segundo a ótica com que esta dissertação foi construída, o termo *sociedade* aparece com a significação de conjunto de pessoas que vivem em certa faixa de tempo e de espaço, seguindo normas comuns, e que são unidas pelo sentimento de consciência do grupo. A sociedade é um corpo orgânico estruturado em todos os níveis da vida social, com base na reunião de indivíduos que vivem sob determinado sistema econômico de produção, distribuição e consumo, sob um dado regime político e obedientes a normas, leis e instituições necessárias à reprodução da sociedade como um todo. FERREIRA, Aurélio Buarque de Holanda. *Op. cit.*

[16] Crê-se necessário esclarecer em que sentido a palavra *cultura* é empregada, uma vez que ao longo do texto a palavra "cultura" ou a expressão "discurso cultural" serão empregadas. Em primeiro lugar, urge que se diferencie *natureza* e *cultura*, já que as palavras representam uma oposição que é apreendida a partir de uma determinada moldura simbólica, qual seja aquela que a própria sociedade concebe como sendo natural e cultural. Num plano mais abstrato, dado ser a condição humana indissociável de seu aprendizado cultural, o domínio da natureza poderia ser equacionado ao que é universal, portanto comum a toda a espécie. Mas é a cultura que nos fornece os modelos de conduta e aí se encaixam os significados de masculino e feminino. Referências retiradas de HEILBORN, Maria Luiza. *Gênero e Condição Feminina: Uma Abordagem Antropológica.* São Paulo: Imprensa Oficial do Estado de São Paulo, 1996, p. 24.

[17] FRENCH, Marilyn. *Op. cit.*, p. 14. quatro grupos de mitos refletem quatro etapas cronológicas da evolução humana.

A transição da etapa matricêntrica da humanidade para sua fase patriarcal é a base da teoria de French,[18] para quem na primeira etapa desta sucessão a Grande Mãe, Gea, criadora primária do universo, é a personificação do mito grego. Dela nascem todos os demais deuses: Urano, os Titãs e o próprio Zeus. Os objetos de culto mais antigos são representações femininas. Datam sucessivamente do Paleolítico, do Neolítico e do Megalítico (dama de Brassempouy, Vênus de Willendorf, estatuetas de Gravette, etc). Quanto mais se busca em nosso passado recente, mais evidentes são os rastros de uma Deusa-Mãe. De outra sorte, todas as mitologias têm reminiscências de cultos anteriores aos dos deuses masculinos.

Em Mehler[19] [20] encontra-se:[21]

"(...) as múltiplas uniões de Zeus - Deméter, Semela, Hera, etc - indicam com certeza a existência de divindades anteriores femininas. O culto de Dovona e Diona seria anterior ao de Zeus. Os cultos femininos haviam precedido aos masculinos e isto quando se fala de poder, já que o objeto do culto está impregnado da onipotência que lhe confere o poder."

Os investigadores da pré-história chegaram à conclusão que a agricultura foi um domínio feminino até três mil anos antes de nossa era. É fácil imaginar que a mulher, detentora da fertilidade e da vida, ocupasse

---

[18] Idem.

[19] MEHLER, Sidonia (*apud* LEIMJIJ, Moisés. *Mujeres por Mujeres*. Peru: Biblioteca Peruana de Psicanálise, 1994, p. 173.)

[20] "(...) las múltiples uniones de Zeus - Demeter, Semela, Hera, etc - indican com certeza la existencia de divindades anteriores femeninas. El culto de Dovona, Diona, sería previo al culto de Zeus. Los cultos femeninos habrían precedido a los masculinos. Cuando se habla de poder, ya que el objeto de culto esta cargado de la omnipotencia que lhe confiere el poder". Idem.

[21] A tradução do original em rodapé foi feita pela autora deste trabalho.

uma posição de destaque já que o homem desconhecia seu papel na fecundação e atribuía aos deuses o poder de a mulher fazer as crianças nascerem, os campos produzirem alimentos, os animais parirem, etc.

Em algum momento no decorrer do Neolítico, o homem passa a dominar a sua função biológica reprodutora e, ao controlá-la, pode também controlar a sexualidade feminina. Desmitificada a figura da mulher, fazia-se necessária a criação de um deus homem, forte o suficiente para reivindicar o poder detido por elas. E assim se fez, conforme depreende-se da terceira fase da análise mitológica, quando na Baixa Mesopotâmia, em Sumeria, reinam as deusas mulheres que depois são destronadas por deuses masculinos.

É no hinduísmo, segunda fase da evolução dos mitos, que se encontrará o deus andrógino, Yin e Yang, o princípio masculino e feminino que governam juntos e geram a descendência. A igualdade na mitologia chinesa já foi salientada por Kapra,[22] em *O Ponto de Mutação:*

"O universo seria capenga se tivesse apenas um pólo. Seria tão complicado quanto um indivíduo manter-se em pé por muito tempo apoiado numa só perna. Na cultura chinesa, o Yin e o Yang nunca foram associados a valores morais. O que é bom não é o Yin ou o Yang, mas sim o equilíbrio entre os dois. O que é mau e nocivo é o desequilíbrio entre os dois."

A partir do segundo milênio antes de Cristo, contudo, raramente registram-se mitos em que a divindade primária seja uma mulher. E é com o mito cristão que surge um deus único, centralizador, patriarcal, que dita

---

[22] KAPRA, Fritjov. *O Ponto de Mutação.* 2.ed. Tradução de Álvaro Cabral. São Paulo: Cultrix, 1994, p. 33.

rígidas regras de comportamento e pune toda e qualquer transgressão.²³

A importância do mito do Gênesis deve-se ao fato de que, sendo um mito da criação, das origens, a mulher está excluída. É surpreendente como este aspecto tem sido acatado durante milênios com tamanha naturalidade e sem contestações. Talvez tudo tenha começado quando Deus criou o primeiro modelo em barro de um ser humano e desenhou-lhe os olhos, os lábios e o sexo. Depois Ele escreveu o nome de sua criatura para que o dono jamais o esquecesse, assim dando vida a Adão, que respirou graças ao hálito divino.

O homem recém-criado olhou à sua volta e começou a dar nome a todas as coisas que via e que já existiam antes dele, mas em nenhuma espécie animal encontrou uma fêmea que lhe servisse. Então, em sua bondade, o Criador decide dar-lhe uma companheira que outra finalidade não teria, de início, senão a de aliviar-lhe a solidão.

Em *Hebreu Myths*, Graves e Patai²⁴ apontam para o surgimento de Lilith, a primeira mulher na face da Terra, moldada na mesma forma em que havia sido moldado Adão, mas não com a mesma matéria. Para o homem, o Senhor utilizou o mais puro barro; para a mulher, imundícies e sedimentos.

Lilith deveria ser submissa ao homem que lhe havia sido dado por companheiro, gerar os seus filhos e em tudo servir-lhe com obediência. Mas ela recusou-se a desempenhar o papel²⁵ que lhe havia sido destinado.

---

²³ FRENCH, Marilyn. *Op. cit.*, p.14-15.

²⁴ GRAVES, Robert, PATAI, Raphael. *Hebreu Myths*. www.zoon.com.br.

²⁵ *Papel:* conceito proveniente da sociologia. Refere-se ao conjunto de prescrições e proscrições para uma determinada conduta e para os comportamentos apropriados para uma pessoa que defende uma posição particular dentro de um conceito dado. BLEICHMAR, Emilce Dio. *O Feminismo Espontâneo da Histeria* - Estudo dos Transtornos Narcisistas da Feminilidade. Porto Alegre: Artes Médicas, 1988, p. 37.

Queria o conhecimento que se traduz no saber e, conseqüentemente, o poder que dele se origina.

Mas o poder era reservado ao Criador. A mulher que dispusesse de saber igual ao do Senhor estaria condenada a reptar, arrastar-se, ser inferior a todas as outras espécies por ousar questionar as regras do jogo impostas por Deus-Pai.

Por isso, Lilith fugiu para as margens do Mar Vermelho e, segundo o mito hebreu, transformada em serpente, passou a viver em companhia de demônios de diversas espécies e alcançou a imortalidade.

Mas o homem, criado à imagem e semelhança de Deus, ficou novamente só no Paraíso. E Deus, sabendo que isto não era bom, adormeceu-o, retirou-lhe uma das costelas e com ela fez nascer uma outra mulher, a quem chamou de Eva, segundo o Velho Testamento da Bíblia cristã.

Disse então o homem: *"Eis aqui agora o osso de meus ossos e carne da minha carne; ela se chamará Virago, porque do varão foi tomada"*.[26]

Como se pode ver, é na Bíblia Católica e na Cabala[27] Judaica que se encontram os primeiros indícios da desigualdade entre homens e mulheres. Quando Deus cria o homem, segundo Muraro,[28] primeiro ele o cria só e somente depois tira a companheira da costela dele. Em outras palavras: o primeiro homem dá à luz (pare) a primeira mulher. Tirar da costela é menos violento do

---

[26] Nas citações bíblicas usou-se a tradução da Vulgata pelo Pe. Matos Soares. São Paulo: Paulinas, 1986.

[27] *Cabala:* acervo de tratados, textos e extratos de textos pertencentes a diversos períodos mas assemelhando-se todos no método de interpretação mística da Tora e que relatam a história do povo hebreu. FRATER TEMPORATOR. *A Cabala Desvendada.* Curitiba - PR: Grande Loja Rosacruz da Língua Portuguesa, 1992.

[28] MURARO, Rose Marie. A Repressão dos Valores Femininos no Mundo e na Igreja. In: RIBEIRO, Helcion (Coord.). *Mulher e Dignidade - Dos Mitos à Libertação.* São Paulo: Paulinas, 1989, p. 16.

que tirar do próprio ventre, mas, em outras palavras, aponta para a mesma direção. Agora, parir é ato que não mais está ligado ao sagrado e é antes uma vulnerabilidade do que uma força. A mulher inferioriza-se pelo próprio fato de parir, o que lhe assegurava a grandeza nas outras e já citadas mitologias.

E a história bíblica prossegue com a narrativa de que homem e mulher passaram a viver juntos, em harmonia, até que esta, tentada pela serpente que lhe prometia o poder de ser semelhante a Deus, comeu a maçã e, não satisfeita com a transgressão das ordens recebidas de não tocar nos frutos da árvore proibida, ofereceu-a ao homem, que igualmente dela comeu.

Deus, ao deparar-se com a desobediência de suas criaturas, mesmo sabendo ter sido Eva a primeira a fazê-lo, pediu explicações a Adão, desde logo designado o chefe do casal, e Seu castigo recaiu com toda a força sobre a mulher, por ser ela curiosa, sedenta de poder e ter ousado querer ser mais do que apenas uma *função*. E a desobediência a esta função inicialmente designada foi a força motriz da catástrofe que se abateu sobre ela e o homem e condenou-a a um papel permanentemente subordinado.

Assim falou Deus à mulher: *"Multiplicarei os teus trabalhos e (especialmente os de) teus partos. Darás à luz com dor os filhos e estarás sob o poder do marido e ele te dominará".*[29]

A Adão sobrou apenas o trabalho árduo e a mortalidade, o que certamente também recaiu sobre Eva como mais uma maldição.

Rose Marie Muraro,[30] analisando as punições de Deus às suas criaturas, assim as explica:

---

[29] Nas citações bíblicas usou-se a tradução da Vulgata pelo Pe. Matos Soares. São Paulo: Paulinas, 1986.

[30] MURARO, Rose Marie. *Op. cit.*, p. 15.

"Uma vez adquirido o conhecimento, o homem tem que sofrer. O trabalho escraviza-o. E por isto o homem escraviza a mulher. A relação homem-mulher-natureza não é mais de integração, e sim de dominação. O desejo dominante agora é o do homem. O desejo da mulher será para sempre carência e é esta paixão que será o seu castigo. Daí em diante ela será definida por sua sexualidade, e o homem, pelo seu trabalho".

Da época em que foi escrito o Gênesis até os nossos dias, esta narrativa fundante da nossa cultura patriarcal tem servido ininterruptamente para manter a mulher no seu "devido lugar". E, aliás, ainda segundo Muraro,[31] com muita eficiência. A partir do Velho Testamento a mulher é vista como uma criatura fraca e frívola, tentadora do homem e culpada pela infelicidade deste. Ela é ligada à natureza, à carne, ao sexo e ao prazer, domínios que têm de ser rigorosamente normatizados. A serpente, que nas eras matricêntricas era o símbolo da fertilidade e da sabedoria, transforma-se no demônio tentador e fonte de todo o pecado. E ao demônio é alocado o pecado por excelência: o pecado da carne. Coloca-se no sexo o pecado supremo e, assim, o poder fica imune à crítica. O *status* do homem e das classes dominantes foi sacralizado porque a mulher e a sexualidade foram penalizadas como causa máxima da degradação humana.

A imagem da mulher inferiorizada ao homem perpetuou-se durante séculos, reforçada pelos doutores da Igreja, especialmente São Paulo, apóstolo que difundiu o cristianismo por todos os países do Ocidente e que, em sua *Epístola aos Efésios*, apregoava a hierarquia do homem sobre a mulher, sendo que na realidade Cristo jamais discriminou ou afirmou a desigualdade entre as criaturas humanas.

---

[31] Ibidem. p. 16-17.

A transformação do matricentrismo em patriarcado é nítida na narrativa católica e judaica. Enquanto nas antigas mitologias a Grande Mãe é permissiva, amorosa e não coercitiva, no Velho Testamento e na Tora[32] o poder do Deus é repressivo, ditatorial e autoritário, segundo depreende-se de Rose Marie Muraro.[33] Não se conhece cultura que não possua o seu mito fundante. E é dessa compatibilização entre cultura e mito que se alimenta a história. O Velho Testamento foi pouco a pouco sendo substituído pelo Novo Testamento, onde a Lei é vencida pelo amor. O cristianismo resgatou a emoção e o afeto em relação à mente abstrata, relata Muraro,[34] porque resgatou em parte o corpo e a mulher degradados, o que não se verifica no Antigo Testamento e nas culturas patriarcais em geral. Este resgate, apesar de parcial porque ainda reprimia-se a sexualidade, mas não mais pela culpa, e sim pela entrega consciente a um amor maior, foi o que ajudou a derrocada do império romano.

Se dois mil anos antes de Cristo fortalecia-se o poder masculino com a derrubada das deusas mulheres e o estabelecimento do patriarcado, alguns filósofos e dramaturgos já começavam a voltar-se ao estudo de questões fundamentais para o espírito humano.

Sófocles, em 442 a. C., escreve *Antígona*, a tragédia da mulher que, querendo obedecer mais aos mandamentos divinos e morais do que aos homens, desafia o poder instituído e resiste ao tirano. A peça de Sófocles questiona o limite da autoridade do Estado sobre a consciência individual e o conflito entre as leis da consciência - não-escritas - e o direito positivo.

---

[32] *Tora*: o Pentateuco, ou seja, os cinco primeiros livros do Antigo Testamento. Numa acepção mais ampla, pode referir-se a todo o Antigo Testamento ou mesmo a todos os ensinamentos judaicos. RICHARD ZIMLER. *O Último Cabalista de Lisboa*. São Paulo: Companhia das Letras, 1998.

[33] MURARO, Rose Marie. *Op. cit.*, p. 17-18.

[34] Ibidem, p. 18.

Com *Antígona*, o dramaturgo grego demonstra a luta da personagem para fazer valer seu direito "justo por natureza" de proporcionar um funeral a seu irmão Polinices apesar do edito proibitivo de Creonte. A metáfora enfrenta o dilema entre o escrito nas leis, na maioria das vezes injusto, e o direito originário da consciência. Direito Positivo, escrito, seguido e sacramentado *versus* Direito Justo porque oriundo do moralmente certo enfrentam-se no espírito dos seres humanos.

Aristóteles,[35] analisando os versos de Sófocles, assim escreveu:

"1375 a 31 e seguintes: Devemos enfatizar que os princípios da eqüidade são permanentes e imutáveis e que a lei universal tampouco muda, pois se trata da lei natural, ao passo que as leis escritas muitas vezes mudam. Este é o significado dos versos da Antígona de Sófocles, onde Antígona defende que, ao enterrar seu irmão, violou as leis de Creonte mas não violou as leis não-escritas."

A mitologia grega é igualmente fértil em narrativas de combates e em heróis. Certamente que alguns opositores dos heróis são do sexo feminino, mas a soberania do homem é a ordem certa, o pressuposto do mito grego, segundo afirmativa de Burkert,[36] para quem:

"É certo que Medéia assassina impunemente os reis em Iolcos e Corinto, assim como os próprios filhos, mas depois tem de retirar-se o mais depressa possível (...). Foi um equívoco concluir, a partir de mitos destes, que tenha existido um 'matriarcado' pré-histórico."

---

[35] SÓFOCLES. *A Trilogia Tebana - Édipo Rei, Édipo em Colono, Antígona*. Tradução do grego, introdução e notas de Mário Gama Kury. Rio de Janeiro: Jorge Zahar, s.d.
[36] BURKERT, Walter. *Op. cit.*, p. 24.

Pode-se concluir, pelo estudo das sociedades primitivas, que um matriarcado[37] no pleno sentido da palavra, ou seja, um poder coercitivo e centralizador da mulher, assim como é o do homem no patriarcado, nunca tenha existido. Enquanto as sociedades eram de coleta, as mulheres mantinham uma espécie de poder, mas poder este diferente daquele exercido na base das sociedades dominadas pelos homens. As culturas primitivas tinham de ser cooperativas para que seus membros pudessem sobreviver em ambientes hostis. Não havia coerção ou centralização, e sim rodízio de lideranças, e as relações entre os dois sexos eram mais fluidas do que viriam a ser posteriormente nas sociedades nitidamente patriarcais.[38]

Talvez se possa afirmar que nenhuma história ou mito das origens, dependendo do ângulo por onde se venha a olhá-lo, tenha sobrevivido com tamanha força e poder como o do Velho Testamento. O mito hebreu retratado na Cabala adiciona, modifica, mas não se insurge contra a idéia básica transmitida no Velho Testamento: o centro da Criação, o espelho da imagem de Deus foi o homem. A mulher foi criada para complementá-lo, satisfazê-lo, servir-lhe e gerar-lhe a descendência.

Atualmente, à luz da psicanálise, o mito do Gênesis é interpretado de outra maneira. Lacan,[39] por meio do

---

[37] A existência ou não de *matriarcado* em algum período da história da humanidade é questão que divide os autores consultados para a realização deste trabalho. Houve, realmente, um tempo em que a mulher exercia, em alguns lugares, a chefia da sociedade conjugal e, conseqüentemente, ocupava um lugar de destaque na comunidade. Mas isto não significa que se afirme que ele existido como forma de poder exercido pelas mulheres. LÈVI-STRAUSS, MURARO, VEYNE, BURKERT e HEILBORN, usando-se como exemplos autores citados no texto, referem-se à linha de sucessão baseada na linhagem materna (*matrilinear*) mas não aceitam o matriarcado enquanto conceito de poder das mulheres baseado no autoritarismo e na hierarquia. O fio condutor desta obra aponta para a não-admissão de um matriarcado pré-histórico.

[38] MURARO, Rose Marie. *Op. cit.*, p. 12.

[39] LACAN, Jacques. *Os Complexos Familiares na Formação do Indivíduo.*Trad. Marco Antônio Coutinho Jorge e Potiguara Mendes da Silveira Júnior. Rio de Janeiro: Zahar, 1988, p. 13.

que convencionou chamar a Lei do Pai, ou seja, a sociedade humana sob o primado da linguagem, tem o pólo paterno como um lugar estruturante de cada sujeito. Aponta Rodrigo da Cunha Pereira[40] que Lacan trabalha a idéia de que cada ser humano ao nascer recebe a carga cultural que lhe é transmitida e em conformidade com o discurso recebido (com sua maior ou menor compreensão e de acordo com a forma como este lhe é transmitido), mais ou menos comungante com os ditames culturais será o indivíduo.

Norberto e Célia Bleichmar[41] sustentam que por ser o homem o portador e o transmissor do nome é também o portador e o transmissor da Lei. A sociedade, como é concebida, é dominada pelo discurso masculino e é nesta organização social estabelecida e observando a Lei do Pai que o indivíduo se colocará na cultura.

1.2. A história instituída

> Ou nenhum indivíduo da espécie humana tem verdadeiros direitos ou todos têm os mesmos. E aquele que vota contra o direito de outro, qualquer que seja a sua religião, a sua cor ou o seu sexo, abjurou, a partir deste momento, dos seus próprios direitos.
>
> Condorcet

Em *O Cálice e a Espada*, Riane Eisler[42] diz que na aurora da humanidade pode-se supor ainda não haver uma superioridade cultural evidente entre homens e mulheres. Afinal, ninguém dispunha de propriedade, a família não existia e a desigualdade era desconhecida.

---

[40] PEREIRA, Rodrigo da Cunha. *Direito de Família* - Uma Abordagem Psicanalítica. Belo Horizonte: Del Rey, 1997, p. 139.

[41] BLEICHMAR, Norberto M. e BLEICHMAR, Célia Leiberman de. *A Psicanálise depois de Freud*. Porto Alegre: Artes Médicas, 1992, p. 153-154.

[42] EISLER, Riane. *O Cálice e a Espada*. Rio de Janeiro: Imago, 1994, p. 44-45.

É de acordo com essa perspectiva que Engels[43] retrata a história da humanidade em *A Origem da Família, da Propriedade Privada e do Estado*. Essa história dependeria essencialmente da história das técnicas. Na Idade da Pedra, quando a terra era comum a todos os membros do clã,[44] o caráter rudimentar da pá, da enxada primitiva, limitava as possibilidades agrícolas: as forças femininas estavam na medida do trabalho exigido para o cultivo dos jardins. Na divisão primitiva do trabalho, os dois sexos já constituíam, até certo ponto, duas classes e entre elas havia igualdade. Enquanto o homem caçava e pescava, a mulher permanecia no lar. Mas as tarefas domésticas comportavam um trabalho produtivo: a fabricação de vasilhames, tecelagem, plantio de hortaliças, etc. Com isto ela desempenhava um papel importante na vida econômica. Com a descoberta do cobre, do estanho, do bronze, do ferro, com o aparecimento da charrua, a agricultura estendeu seus domínios. Um trabalho intensivo foi exigido para desbravar florestas e tornar os campos produtivos. O homem recorreu, então, aos serviços de outros homens que reduziu à escravidão. A propriedade privada apareceu: senhor dos escravos e da terra, o homem tornou-se, também, proprietário da mulher.

Quando começou a acumular riquezas e, conseqüentemente, a ocupar lugar de destaque na família, surgiu para o homem a necessidade de transmiti-las aos filhos, que dele não herdavam, pois vigorava a transmissão da geração pela linha materna. Com a morte dos varões pertencentes a uma determinada família ou *gens*, herdavam seus parentes gentílicos mais próximos. O

---

[43] ENGELS, Friedrich. *Op. cit.*

[44] *Clã*: é a divisão das tribos. Tribo, por sua vez, é a resultante dos grupamentos de pessoas que inicialmente viviam juntas e passaram, então, a separarem-se por laços de parentesco e a estabelecerem-se em territórios. Conceitos retirados de ENGELS, Friedrich. *Op. cit.*

direito materno tinha que ser suprimido e este acontecimento consistiu na *grande derrota histórica do sexo feminino*, segundo as palavras de Engels,[45] que assim afirma:

> "(...) o homem conquistou também o governo da casa: a mulher foi rebaixada, avassalada, tornou-se escrava do prazer do homem e simples instrumento de reprodução. Esta condição humilhante da mulher foi gradualmente dissimulada e atenuada em certos lugares, em outros mais suavizada, mas em nenhum deles suprimida."

A mesma causa que assegurava à mulher sua autoridade anterior dentro da casa, seu confinamento aos trabalhos domésticos, garantia agora a preponderância do homem. O trabalho doméstico da mulher desaparecia ao lado do trabalho produtivo do homem: o segundo era tudo; o primeiro, um anexo insignificante.

O direito paterno substituiu-se ao direito materno, a transmissão da propriedade fez-se de pai para filho e não mais pela linha matrilinear.[46] E não se fala, aqui, dos filhos havidos nos casamentos por grupos, comuns anteriormente a 1871, segundo as pesquisas de Morgan.[47] A perda da linhagem materna ocorreu no período em que vigorava a *família sindiasmica*, ou seja, o homem vive

---

[45] ENGELS, Friedrich. *Op. cit.*

[46] *Linha matrilinear*: nos clãs, as gerações eram transmitidas pelo que se convencionou chamar de "linha matrilinear", já que os casamentos eram realizados por grupos e desconheciam-se os pais das crianças. As sociedades do tipo matrilinear eram especialmente organizadas: a mãe cuidava de seu filho até que ele pudesse caminhar sozinho, alimentar-se e proteger-se sem ajuda. Alguns confundem o sentido da palavra *matrilinear*, que nada mais é do que a transmissão das gerações através da mãe, com *matriarcado*, sociedade dentro da qual as mulheres seriam a parte dominante da humanidade. Referências retiradas de ENGELS, Friedrich. *Op. cit.*

[47] Deve-se a Lewis Morgan, pesquisador inglês, o uso do termo *família panaluana* adotado por Engels para designar o período da história da família em que os casamentos eram realizados por grupos. Conforme ENGELS, Friedrich. *Op. cit.*

com uma mulher apenas, mas, cindido o vínculo conjugal, os filhos pertenceriam apenas à mãe.[48]

A perda da transmissão segundo a linhagem e o aparecimento da família patriarcal, baseada na propriedade privada, fez surgir uma nova espécie de família, aquela em que a própria etiologia da palavra exprime a idéia em que se baseia: *fâmulos* (escravo) e *família*, então, seria o *conjunto de escravos pertencentes a um mesmo homem*. Nela a mulher é oprimida, e o varão reina soberanamente.

Karl Marx afirma, segundo Engels,[49] que a família patriarcal conteria em germe não somente a escravidão (*servitus*) mas também a servidão, pois que desde o princípio ela se relacionou com os serviços da agricultura. Todos os antagonismos que mais tarde desenvolveram-se amplamente na sociedade e no Estado estariam presentes na célula familiar chefiada pelo homem.

Engels[50] entende que a mulher só se emancipará quando puder participar em grande medida social na produção e não for mais solicitada para o trabalho doméstico, senão numa medida insignificante,[51] pois a

---

[48] ENGELS, Friedrich. *Op. cit.* p. 47.

[49] Idem.

[50] Idem.

[51] Com a Revolução Industrial, ocorreu uma reviravolta no conceito de trabalho produtivo da mulher. Passou ela a desenvolver atividade econômica fora do lar, e a mão-de-obra feminina era procurada e valorizada pela sociedade da época, uma vez que ela produzia, em fábricas, o material indispensável à prosperidade de seus respectivos países. Neste contexto, o trabalho produtivo da mulher equiparou-se ao do homem, e sua atitude frente à economia deu início ao que atualmente se discute como *igualdade de gênero*. As mulheres, devido à Revolução Industrial, passaram a reivindicar isonomia salarial com os homens, direito ao voto, ingresso real na sociedade, etc. Vislumbraram seus direitos e não mais aceitaram, de forma passiva, apenas os deveres para com a Pátria e a família. São as lições retiradas de SCOTT, Joan W. *Mulher Trabalhadora.* DUBY, Georges, PERROT, Michelle (org.). In: *História das Mulheres - O Século XIX.* Tradução de Cláudia Gonçalves e Egito Gonçalves. v. 4. São Paulo: Afrontamento, Edibrasil, 1994. p. 443-475.

sua "domestificação" foi o instrumento utilizado pelo homem para controlar a sua sexualidade e capacidade reprodutora e assim perpetuar o acesso desigual aos meios de produção.

Para as feministas marxistas, diz Beauvoir,[52] que se baseiam em análises ortodoxas sobre os modos de produção, a explicação das origens e das transformações dos sistemas de gênero encontram-se fora da divisão sexual do trabalho e, ao assim pensarem, apóiam-se em Engels, para o qual famílias, lares e sexualidade são, no fim das contas, todos, produtos de modos cambiantes de produção.

Scott,[53] rebatendo a sustentação dos marxistas, utiliza-se da tese de Joan Kelly no ensaio *The Doubled Vision of Feminist Theory*, assim posicionando-se: *A relação entre os sexos opera-se de acordo com (e através das) estruturas sócio-econômicas e também de conformidade com as estruturas de sexo-gênero.*

A afirmação de que a família constitui a célula *mater* da sociedade contém muita verdade, sobretudo quando se pensa nela como supremacia masculina no seio de uma sociedade capitalista, segundo palavras de Rose Marie Muraro.[54] Mas a família não constitui a célula-mãe da sociedade independentemente da história. No curso desta, a família tem sido, em maior ou menor grau, patriarcal. Embora as sociedades socialistas tenham logrado reduzir as desigualdades entre homens e mulheres, estão muito longe da remoção do núcleo gerador da assimetria nas relações de gênero.

---

[52] BEAUVOIR, Simone. *O Segundo Sexo* - Fatos e Mitos. 5.ed. Tradução de Sérgio Milliet. Rio de Janeiro: Nova Fronteira, 1980.
[53] SCOTT, Joan W. Gênero - Uma Categoria Útil de Análise Histórica. *Educação e Realidade* - publicação Semestral da Faculdade de Educação da Universidade Federal do Rio Grande do Sul, vol. 20, n. 2, p.79, jul./dez. 1995.
[54] MURARO, Rose Marie. *Op. cit.*, p. 27.

Muito teve de caminhar a humanidade para o que atualmente se preconiza como relações isonômicas entre homens e mulheres. Assim, as relações entre os sexos aparecem como um processo dinâmico nutrido pelos conflitos que um grande número de rupturas de importância desigual e de tipos muito variados faz aparecer. Pergunta Michelle Perrot:[55]

"(...) História sincopada? É a visão que vulgarmente dela se conserva e que o relato masculino, indiferente ou eivado de desprezo, sempre veicula. Na realidade, laços invisíveis - o tecido de uma memória - existem provavelmente entre estas comoções. Como as recordações, a herança (freqüentemente de mãe para filha) opera certa transmissão e, através dela, forma-se o desenho de grupos conscientes, fundamento de uma opinião. A história sexuada da opinião pública, eis, em todo o caso, o que nos falta escrever (...)."

Sendo possível a afirmação de que o princípio da igualdade entre o homem e a mulher é hoje universalmente reconhecido e adotado por todos os países ocidentais, ainda existem culturas em que a discriminação contra a mulher é fato corriqueiro e perfeitamente assimilado pelos costumes e pelas leis.

A total segregação dos sexos nos países muçulmanos, adeptos da religião islâmica, narrada por Jean Sasson[56] em *A Mulher no Corão*, deve-se ao fato de que religião e Estado não são separados, como ocorre no mundo ocidental.

No Corão, livro sagrado do islamismo,[57] composto de 114 capítulos ou *Suras*, encontram-se exemplos das

---

[55] PERROT, Michelle. Modernidades. DUBY, Georges e PERROT, Michelle (org.). In: *História das Mulheres - O Século XIX*. Tradução de Cláudia Gonçalves e Egito Gonçalves. v. 4. São Paulo: Afrontamento, Edibrasil, 1994, p. 536.
[56] SASSON, Jean P. *Princesa*. 19.ed. São Paulo: Best Seller, 1992, p. 230.
[57] *Islamismo*: religião maometana que determina a conduta aceitável dos

restrições às mulheres, tais como a proibição do casamento entre muçulmanas e não-muçulmanos (regra que não se aplica ao homem oriental), o dote dos filhos varões em dobro do cabível às filhas, o poder do marido de confinar a esposa culpada por luxúria dentro de casa até que a morte venha buscá-la, a proibição da mulher de ser testemunha em processo criminal, etc.

É no passado que se devem buscar, ainda que de forma sucinta, os elementos indispensáveis para retratar a trajetória das mulheres, principalmente na família. Seguindo Michelle Perrot,[58] pode-se concluir que: *(...) A história da família é longa, não linear, feita de rupturas sucessivas. Toda a sociedade procura acondicionar a forma da família a suas necessidades (...).*

Também não é menos verdade que a evolução da condição feminina não prosseguiu de maneira contínua. Com as grandes invasões, lembra Beauvoir,[59] toda a civilização foi posta em causa. O próprio direito romano, fonte de inspiração para os códigos ocidentais, sofreu a influência de uma ideologia nova - o cristianismo - e, conforme analisou-se anteriormente, a ideologia cristã muito contribuiu para a opressão da mulher.

O Direito Civil brasileiro espelhou-se no direito romano, onde casal, filhos, escravos e servos achavam-se sob a autoridade do *pater familias* - o patriarca - em torno do qual girava a grande família romana. Esta forma de ver-se a família perdurou por toda a Idade Média e emitiu seus reflexos ao Código Civil francês de 1804 que, por sua vez, influenciou diretamente o Código Civil brasileiro de 1916.

---

adeptos da fé muçulmana. Os muçulmanos acreditam que o Corão é a palavra de Deus revelada pelo anjo Gabriel ao profeta Maomé. FERREIRA, Aurélio Buarque de Holanda. *Op. cit.*

[58] PERROT, Michelle. O Nó e o Ninho. In: *"VEJA 25: reflexões para o futuro"*, São Paulo: Abril, 1993, p. 75.

[59] BEAUVOIR, Simone. *Op. cit.*, p. 117-118.

Fachin,[60] reportando-se à história para dissecar o Direito de Família, ressalta:

Exemplos lembram dos séculos que o sistema jurídico embalou com formas diferentes de redução da mulher a um ser juridicamente incapaz. Uma potencialidade contida. O traço de exclusão da condição feminina marcou o patriarcado e fundou um padrão familiar sob a lei da desigualdade.

A situação jurídica da mulher e sua posição na ordem social e econômica tem evoluído, ainda que a passos lentos, conforme Vicente Ráo.[61] Na ordem privada, entretanto, o Código Civil manteve a incapacidade relativa da mulher casada, colocando-a, no artigo 6º,[62] ao lado dos menores, dos pródigos e dos silvícolas. Não poderia ela reger a sua vida por si só por lhe faltar o necessário entendimento oriundo de volição consciente.

Essa situação perdurou de 1916 até 1962, quando entrou em vigor o Estatuto da Mulher Casada (Lei nº 4.121/62).

Reforça Fachin,[63] apontando com especial maestria que:

"A proposta do legislador do Código Civil era superficialmente assistencial, assentada na família do século XIX, patriarcal, heterossexual, hierarquizada e matrimonializada."

A posição social, familiar e jurídica que ocupava a mulher no século XIX fez com que ela se insurgisse

---

[60] FACHIN, Luiz Edson. *Elementos Críticos do Direito de Família*. Rio de Janeiro: Renovar, 1999. p. 15.
[61] RÁO, Vicente. *Da Capacidade Civil da Mulher Casada*. São Paulo: Livraria Acadêmica Saraiva & C. Editores, 1922, p. 6.
[62] Estabelecia o art. 6º do Código Civil, originariamente: "São incapazes relativamente a certos atos ou à maneira de os exercer: I - Aos maiores de 16 e os menores de 21 anos; II - As mulheres casadas, enquanto subsistir a sociedade conjugal; III - Os pródigos; IV - Os silvícolas".
[63] FACHIN, Luiz Edson. *Op. cit.*, p. 34.

contra as desigualdades impostas e levantasse o bastião da luta clamando por justiça, tratamento igualitário e dignidade. Mas a Revolução Francesa não lhe foi muito favorável, uma vez que as incapacidades do antigo regime foram mantidas. A mulher não podia aceder às funções públicas, não tinha direito de voto, não era elegível. Não houve mulheres nas assembléias revolucionárias...

Mas ao mesmo tempo em que a participação das mulheres na Revolução Francesa não lhes rendeu os frutos esperados, representou ela uma mutação decisiva em sua história, conforme ressalta Élizabeth Sledziewski.[64] Em primeiro lugar, muito simplesmente porque o foi na história dos homens - os do outro sexo e os seres humanos em seu conjunto. Em seguida, porque tal mutação foi a ocasião de um questionar sem precedentes das relações entre os sexos. A revolução levantou a questão das mulheres e inscreveu-a no próprio coração da questionação política da sociedade.

Descobrir que as mulheres podem ter um lugar não significa que este lhes seja concedido e esta foi, na opinião de Sledziewski,[65] a demissão histórica da Revolução Francesa, que se recusou a enfrentar o problema entre os sexos na sociedade. Mas, ao mesmo tempo, foi graças a ela que a questão foi colocada na ordem do dia.

É no século XX que a igualdade entre os gêneros tomou um caráter efetivo de reivindicação e assinalaram-se os tempos das esperadas mudanças em todos os países ocidentais, do que não escapou o Brasil, apesar de ainda vigerem um Código Civil e Penal ultrapassados e recheados de flagrantes discriminações entre os sexos.

---

[64] SLEDZIEWSKI, Élizabeth G. *A Revolução Francesa* - A Viragem. DUBY, Georges, PERROT, Michelle (org.). In: *História das Mulheres* - O Século XIX. Tradução de Cláudia Gonçalves e Egito Gonçalves. São Paulo: Afrontamento, Edibrasil, 1994, p. 41.

[65] Idem.

A história revela, assegura Rodrigo da Cunha Pereira,[66] que a mulher sempre ocupou um lugar de inferioridade. Sempre foi menos, pelo menos em relação ao homem. O lugar da autoridade, da representação da lei sempre foi dele, tanto que é normal dizer-se "o homem" para designar os dois sexos. Tudo indica que o mundo foi construído por eles e de acordo com a sua ótica. O discurso repetido e aceito é o chamado "discurso fálico" de Freud, ou seja, aquele que advém de uma força que, supostamente, é masculina.[67]

Saffioti[68] coloca o cerne da questão da desigualdade entre homens e mulheres no mundo jurídico naquilo que chama de "discurso instituído" (ou competente) e "discurso instituinte". O primeiro, centrado no passado e uma vez que não ameaça a ordem estabelecida, já se encontra legitimado. O segundo, ao contrário, é prenhe de perigos, dado incitar à mudança ou tentar legitimar o que se transformou em passado recente.

Por discurso competente, tomando-se por empréstimo as reflexões de Saffioti,[69] compreende-se aquele que possui uma linguagem institucionalmente permitida ou autorizada, interlocutores previamente reconhecidos como tendo o direito de ouvir e falar, lugares e circunstâncias predeterminados e conteúdo e forma autorizados segundo as esferas de sua própria competência. Assim sendo, tal como o discurso científico, o jurídico é *discurso competente ou instituído*.

Esse discurso competente possui raízes profundamente arraigadas na cultura e uma submissão que exige a interiorização de suas regras pelos cidadãos, sob pena

---

[66] PEREIRA, Rodrigo da Cunha. *Direito de Família* – Uma ..., p. 64.

[67] Idem.

[68] SAFFIOTI, Heleieth Iára Bongiovani. Relações de Gênero: Violência Masculina Contra a Mulher. In: *Mulher e Dignidade* - Dos Mitos à Libertação. Pe. Ribeiro, Helcion (coord.). São Paulo: Paulinas, 1989, p. 31.

[69] Ibidem, p. 30.

de, em assim não agindo, verem-se colocados à margem desta mesma cultura que preconiza o seguimento de suas diretrizes para a normalidade da vida em sociedade.

Prossegue Saffioti[70] ressaltando que os Códigos Civil e Penal, integrando a parte mais sedimentada da ideologia dominante, apresentam, necessariamente, característica lacunar na qual reside a sua força. O eventual preenchimento destas lacunas representaria a sua própria destruição e, por conseguinte, da ideologia dominante, já que seria desvendado o ocultamento e a dissimulação do real.

Novas normas de conduta podem colocar em risco a estrutura de poder que importa preservar. É por isto que a ideologia dominante caminha a reboque das mudanças e sempre que novas normas tentam sobrepor-se às antigas, o discurso competente revida com a sua inegável legitimação.

Enquanto o instituído tem a seu favor a legitimação e o uso da força, o instituinte luta em desigualdade de condições, pois nem está legitimado nem pode lançar mão da força, a não ser que corra os riscos implícitos no rompimento dos cânones legais. Em resumo, pode-se afirmar que o instituinte opera a partir de posições de não-poder.

O discurso jurídico, sempre produzido a partir de posições de pleno desfrute do poder, guarda, em grande parte dos casos, enorme distância em relação ao real. No próprio momento de sua produção, tem ele o passado como referencia e não o futuro. Deste ângulo é mais do que conservador, é reacionário.

Rodrigo da Cunha Pereira[71] é enfático ao afirmar que a história da mulher no Direito, ou o lugar dado pelo Direito à mulher, sempre foi um não-lugar, eis que marcada pela subordinação ao marido e pelo regime da

---

[70] Ibidem, p. 31.

[71] PEREIRA, Rodrigo da Cunha. *Direito de Família*. Uma ..., p. 11.

incapacidade. Ainda hoje, embora sua condição social esteja evoluindo, a mulher continua a arcar com uma pesada carga. Em quase nenhum país seu estatuto legal é idêntico ao do homem e muitas vezes este último a prejudica consideravelmente. Mesmo quando os direitos são-lhe abstratamente reconhecidos, um longo hábito impede que encontrem nos costumes sua expressão concreta. Economicamente, homens e mulheres constituem como que duas castas. Em igualdade de condições, os primeiros têm situações mais vantajosas, salários mais altos, maiores possibilidades de êxito que suas concorrentes recém-chegadas. Ocupam na indústria, na política, etc, maior número de lugares e os postos mais importantes. Além dos poderes concretos que possuem, revestem-se de um prestígio cuja tradição a educação da criança mantém. O presente envolve o passado e no passado quase toda a história foi feita pelos homens. No momento em que as mulheres começam a tomar parte na configuração da sociedade, esta sociedade ainda é uma sociedade que pertence aos homens. Eles bem o sabem, elas mal duvidam.

A linguagem dos Códigos Civil e Penal, uma vez que a análise deste trabalho restringe-se a estes dois estatutos, é masculina, sexista e tem gênero. É masculina, segundo Smart,[72] porque os valores aplicados ao direito que contemplam - igualdade, objetividade e neutralidade - são os masculinos, tomados como universais. Portanto, tratar igualmente os dois sexos implica aplicarem-se os valores masculinos, dado que a visão que se tem é do direito como uma unidade, e os benefícios englobam o homem como categoria unitária. Sexista, porque trata, na prática, diferentemente homens e mulheres, e a discriminação é um sistema de poder.

[72] SMART, Carol. La Mujer del Discurso Jurídico. In: LARRAURI, Elena (org.). *Mujeres, Derecho Penal y Criminologia*. España: Siglo Veintiuno, 1994, p. 167-189.

Possui gênero porque as práticas jurídicas significam coisas diferentes para os dois sexos.

É de Warat[73] que se retira a assertiva:

"O modelo de masculinidade do Direito é tão forte que termina por convencer a maioria das mulheres da lei que o Direito é assexuado. O que não é outra coisa que uma imposição para que elas aceitem que a lei da masculinidade governa a interpretação e a aplicação do Direito."

Em razão do discurso utilizado pelo direito em seus Estatutos Civil e Penal (a mulher casada e a concubina, a prostituta e a honesta, a infanticida e a seduzida) é que a mulher é vista, neles, em contradição à idéia de homem, que é única. Assim, pelo raciocínio de Campos,[74] a estratégia é ignorar as diferenças internas de cada categoria de indivíduos para salientar a diferença prévia entre homem e mulher. E é justamente sobre esta diferença primária que se estruturam as demais diferenças. A mãe infanticida ou a mulher desonesta diferenciam-se das demais mulheres, mas representam a diferença natural entre homem e mulher.

Dahl,[75] analisando as leis e sua inegável defasagem em relação aos costumes sociais, é otimista em acrescentar que apesar de o Direito ser um campo onde as transformações produzem-se lentamente e que enquanto instituição contribui em grande medida para a manutenção da tradicional hegemonia masculina dentro da sociedade, é igualmente terreno propício ao desenvolvimento de regras que podem dar origem a transformações importantes, inclusive na relação entre os dois sexos.

---

[73] WARAT, Luis Alberto. Sobre la dogmática Juridica. *Revista Seqüência*, Florianópolis, n. 2, p. 63, s.d.

[74] CAMPOS, Carmen Hein de. *O Discurso Feminista Criminalizante no Brasil*. Dissertação para obtenção do grau de Mestre pela Universidade Federal de Santa Catarina - UFSC, 1998, p. 69.

[75] DAHL, Tove Stang. *O Direito das Mulheres* - Uma Introdução à Teoria do Direito Feminista. Lisboa, Portugal: Fundação Calouste Gulbenkian, 1993. p. 7.

2. A construção do princípio da igualdade

> *Essa menina, essa mulher, essa senhora, em quem esbarro a toda hora num espelho casual, é feita de sombra e tanta luz, de tanta lama e tanta cruz, que acha tudo natural.*
>
> Joyce - *Ana Terra*

2.1. Gênero e igualdade: o elo perdido

A problemática da igualdade entre os seres humanos não é nova, mas tornou-se paradigma do século XX em decorrência da reflexão sobre direitos de toda a humanidade. Ela é o grito da contemporaneidade na luta pelo exercício pleno da cidadania.

A contestação da desigualdade dos sexos é a conseqüência do postulado da nova era, segundo Fraisse,[76] pois estabelece a liberdade do indivíduo e a autonomia do sujeito. Ao adotar-se o ponto de vista de sujeito autônomo e individual, coloca-se, de uma maneira nova, a questão da relação entre um homem e uma mulher, entre o corpo e o espírito de cada sexo e também se

---

[76] FRAISSE, Geneviève. *Da destinação ao destino*. História filosófica da diferença entre os sexos. DUBY, Georges, PERROT, Michelle (org.). *Op. cit.*, p. 59-60.

interroga o lugar da natureza no mundo humano e a importância da alteridade no trabalho do pensamento.

A Declaração Universal dos Direitos Humanos, de 1948 (chamada primeiramente de Declaração Universal dos Direitos do Homem), "marco absoluto da democracia moderna", segundo Verucci,[77] já preconiza em seu artigo I que: *"Todos os homens nascem livres e iguais em dignidade e direitos. São dotados de razão e consciência e devem agir em relação uns aos outros com espírito de fraternidade."*

Mas não é a previsão de tratamento igualitário entre brancos e pretos, católicos e protestantes, pobres ou ricos que interessa à análise que se busca fazer.

O princípio da igualdade, objeto do estudo aqui desenvolvido, diz com a igualdade entre homens e mulheres levando-se em conta as diferenças inerentes à condição de cada sexo. Diante disto, faz-se necessária a compreensão de como estas diferenças foram sendo percebidas como qualidades que deveriam ser valorizadas para que, a partir delas, o princípio da igualdade pudesse ser aplicado com toda sua magnitude. Este princípio seria uma redundância como contemplação legal dos iguais, uma vez que ele foi construído para acolher os diferentes. Sintética e expressiva é a frase de Rodrigo da Cunha Pereira: *"Viva a diferença com direitos iguais".*[78]

O entendimento de princípio da igualdade atualmente deve passar pela compreensão do conceito de gênero, que está diretamente ligado ao movimento feminista contemporâneo.

As reivindicações das feministas tiveram seu início na virada do século XIX, em França, com a propugnação

---

[77] VERUCCI, Florisa. *O Direito da Mulher em Mutação: Os Desafios da Igualdade*. Belo Horizonte: Del Rey, 1999, p. 19.

[78] PEREIRA, Rodrigo da Cunha (*apud* VERUCCI, Florisa. Op. cit.).

pelo direito de voto para as mulheres, no conhecido "movimento sufragista" que, com amplitude inusitada e resultados desiguais, alastrou-se por vários países do Ocidente. Duas "ondas" caracterizaram o movimento: na primeira, as mulheres lutavam pela organização da família, oportunidades de estudos e acesso a determinadas profissões; na segunda, no final da década de 1960, é que elas se voltaram para as construções propriamente teóricas, reivindicando o caráter sexista[79] das atribuições dos papéis e estereótipos[80] do gênero que a estrutura social realizou ao longo da história. O conceito de gênero passou a ser construído e debatido por militantes, estudiosos e seus críticos a partir do levantamento da questão pelo movimento feminista.

A substituição do termo *mulheres* por *gênero* visa a reconhecer o campo político das pesquisas sobre as mulheres e a afastar o caráter ruidoso do feminismo, sugerindo que qualquer estudo sobre as mulheres é também um estudo sobre os homens, pois o mundo das mulheres faz parte do mundo dos homens, eis que ele é criado neste e por este mundo masculino, segundo Scott.[81]

As feministas deixaram de lado as passeatas e protestos de transformação sociocultural, passando à forma mais eficaz de difusão de suas idéias: os escritos, força propulsora de mudanças na cultura. Destacaram-se Simone de Beauvoir (*Le deuxième sexe*), em 1949, Betty Friedman (*The feminine mystique*), em 1963, e Kate Millett (*Sexual politics*), em 1969. Daí para o surgimento dos estudos sobre a mulher foi apenas um passo.

---

[79] *Sexismo:* desigualdade na apreciação dos gêneros. É uma das tantas expressões de um dos conflitos mais profundos do ser humano, sua tendência ao avassalamento do semelhante. BLEICHMAR, Emilce Dio. *Op. cit.*

[80] *Estereótipo:* clichê, chavão. FERREIRA, Aurélio Buarque de Holanda. *Op. cit.*

[81] SCOTT, Joan. *Gênero...*, p. 25.

Salienta Heloísa Buarque de Hollanda[82] que, nas décadas de 1960 e 1970, as questões da identidade[83] e diferença eram inegavelmente importantes, tendo conseguido abrir espaços e canais de expressão institucionais como a imprensa feminista, o cinema de mulher e os estudos feministas enquanto área de conhecimento. Neste quadro, a introdução da categoria *gênero* representou o aprofundamento e a expansão das teorias críticas feministas. Os estudos das relações de gênero passam a privilegiar o exame dos processos de construção das relações entre homens e mulheres e das formas como o poder articula-as em momentos social e historicamente datados, variando através e dentro do tempo e inviabilizando o tratamento da diferença sexual como "natural".

Para comprovar que a preocupação com relação à igualdade-desigualdade entre os seres humanos é universal, usam-se como exemplos para sustentação da tese antes referida os Estados Unidos e a Noruega, países de culturas acentuadamente diferentes e geograficamente distantes, e constata-se que o estudo sobre as mulheres apareceu como um campo definível e tornou-se prática estabelecida em muitas partes do mundo. Os Estados Unidos direcionaram seus esforços, segundo Scott,[84] no sentido de mudar o modo como esta história é escrita. Já a Noruega[85] levou o campo dos questionamentos à universidade, erigindo o Direito das Mulheres como disciplina jurídica autônoma e disseminando-a, enquanto investigação e ensino, por diversos países.

---

[82] HOLLANDA, Heloísa Buarque de. *Tendências e Impasses - O Feminismo como Crítica da Cultura.* Rio de Janeiro: Rocco, 1994, p. 14.

[83] *Identidade:* conjunto de caracteres próprios e exclusivos de uma pessoa: nome, idade, estado civil, profissão, sexo, defeitos físicos, impressões digitais, etc. FERREIRA, Aurélio Buarque de Holanda. *Op. cit.* Depreende-se, portanto, do conceito acima, que a pessoa constrói sua identidade levando em conta estas características próprias e exclusivas.

[84] SCOTT, Joan. História das Mulheres. In: Burke, Peter (org.). *A Escrita da História - Novas Perspectivas.* São Paulo: UNESP, 1992, p. 65.

[85] DAHL, Tove Stang. *Op. cit.*

Dahl[86] assegura que o surgimento do Direito das Mulheres como disciplina a ser estuda separadamente do Direito Civil e do Direito de Família deve-se ao fato de que:

"Enquanto vivermos numa sociedade onde os percursos e as condições de vida forem diferentes para os homens e para as mulheres, é óbvio que as leis afetam uns e outros de forma diferente (...). É esta complexa articulação do Direito com a vida que a investigação no domínio do Direito das Mulheres tenta representar e compreender no intuito especial de contribuir para uma verdadeira igualdade e libertação. O acesso das mulheres às universidades como docentes, investigadoras e estudantes, bem como a nova orientação crítica que atualmente se imprime ao estudo das diferentes disciplinas abrem possibilidades reais de se atingir este objetivo."

As estudiosas feministas encarregaram-se de tornar visível a personagem mulher, até então oculta no âmbito da vida privada, e de trazê-la à luz como sujeito,[87] inclusive como sujeito da Ciência, segundo Louro.[88]

Sobre as duas esferas nitidamente diferenciadas - a pública e a privada - e os lugares estabelecidos como próprios ou pelo menos "naturais" para homens e mulheres, toma-se por empréstimo o referencial descrito por Nelson Saldanha[89] no Ensaio de significativo título,

---

[86] Ibidem. p. 4-5.

[87] Há dois significados para a palavra *sujeito*, segundo FOUCAULT, Michel. O Sujeito e o Poder (*apud* DREYFUS, H., RABINOW, H. *Michel Foucault - Uma Trajetória Filosófica*: Para Além do Estruturalismo e da Hermenêutica. Rio de Janeiro: Forense Universitária, 1995. p. 235). Sujeito a alguém pelo controle e dependência e preso à sua própria identidade por uma consciência ou autoconhecimento. No sentido específico da abordagem que se propõe fazer é em sua segunda significação que se emprega o termo.

[88] LOURO, Guacira Lopes. *Gênero, Sexualidade e Educação* - Uma Perspectiva Pós-Estruturalista. Rio de Janeiro: Vozes, 1997, p. 17.

[89] SALDANHA, Nelson. *O Jardim e a Praça* - Ensaio Sobre o Lado Privado e o Lado Público da Vida Social e Histórica. Porto Alegre: Fabris, 1986, p. 17.

O Jardim e a Praça, onde o autor descreve os espaços de atuação de cada gênero. Na praça, local aberto, côncavo, social, político, capaz de conter um grande número de pessoas, situa-se o homem e a sua história pública. No jardim, pequeno, convexo, pessoal, centrado em torno da casa, a mulher escreve a sua vida, já que voltada ao doméstico e à vida familiar.

Louro[90] ressalta que uma das mais significativas marcas dos Estudos Feministas foi seu caráter político.[91] As mulheres que o compunham assumiam com ousadia as pretensões de mudança em suas trajetórias sociais enquanto indivíduos do sexo feminino.[92]

Tudo foi debatido: o corpo feminino, seus prazeres, seus afetos, sua escolarização, seu ingresso na sociedade através da política, da economia[93] e do mundo jurídico. Pouco a pouco os debates começaram a exigir explicações, e várias teorias foram esposadas por essas mulheres.

---

[90] LOURO, Guacira Lopes. *Op. cit.*, p. 19.

[91] A palavra *política* é usada atualmente em vários sentidos. No texto, é aplicada para designar as práticas que reproduzem ou desafiam o que às vezes é rotulado como "ideologia", aqueles sistemas de convicções e prática que estabelecem as identidades individuais e coletivas que formam as relações entre indivíduos e coletividades e seu mundo e que são encontradas como normativas, naturais ou auto-evidentes. SCOTT, Joan. *História...*, p. 66-67.

[92] Uma das conseqüências da consolidação do movimento feminista é a tensa relação entre os sexos. No momento em que as mulheres passaram a reivindicar seu espaço na sociedade, certamente encontraram oposição por parte dos homens e a partir daí começou a ser travada a luta entre ambos, redundando em disputa pelo espaço social e pela partilha do poder.

[93] No Brasil, uma atividade primordialmente reservada às mulheres (àquelas que insistiam em educar-se e provinham de famílias onde o pai era menos rígido, já em épocas modernas) era o magistério, especialmente o de nível primário, sendo que aos homens era oportunizado o acesso às profissões ligadas às áreas da saúde, jurídicas, comerciais, etc., de maior projeção social e com maiores vantagens econômicas. Tal situação pode ser explicada pela própria história da educação de meninos e meninas. Aos primeiros, educadores particulares e escolas; às segundas, etiqueta social e prendas domésticas, segundo ARIÈS, Phillippe. *História Social da Criança e da Família*. 2.ed. Tradução de Dora Flaskman. Rio de Janeiro: Guanabara Koogan, 1981.

Mas o cerne do movimento feminista, em que pesem as várias correntes que o constituem, é a moldagem de seu apelo e de sua autojustificativa nos termos da retórica prevalecente da igualdade. Neste processo, o feminismo assumiu e criou uma identidade coletiva de mulheres, indivíduos pertencentes ao sexo feminino com um interesse compartilhado no fim da subordinação, da invisibilidade e da impotência, criando igualdade e ganhando um controle sobre os seus corpos e sobre suas vidas.[94]

Não é nas diferenças, segundo Alison Jaggar,[95] que reside o problema. A questão está no modo como elas são mutuamente hierarquizadas e na avaliação que a sociedade faz dos sexos e o fato de as qualidades das mulheres, suas características, seus valores e atividades estarem sistematicamente subordinados aos dos homens.

Apoiada em Helga Hernes (*State-Kvinner ingen adgan-The State-No Entrance for Women*, 1982), Stang Dahl[96] sustenta que, como fruto dessa hierarquização, as mulheres surgem como algo diferente dos homens ou "inferior" a eles e cita, para embasar a sua afirmação, Hobbes, Rousseau e Hegel, para os quais o estatuto das mulheres como pessoas sempre foi um ponto de interrogação, tanto em termos de filosofia moral como de Direito.

Diz Beauvoir,[97] com a propriedade que a caracteriza, ser inquestionável o fato de a mulher ter ovários, um útero: são as condições singulares que a encerram em sua subjetividade. Por isto diz-se de bom grado que ela pensa com suas glândulas. O homem esquece soberbamente que sua anatomia também comporta hormônios

---

[94] São as lições tiradas de SCOTT, Joan. *História*..., p. 67-68.
[95] JAGGAR, Alison. *Feminist Polictics and Human Nature*. Sussex: The Harvester Press, 1983, p. 35.
[96] DAHL, Tove Stang. *Op. cit.* p. 6-7.
[97] BEAUVOIR, Simone. *Op. cit.*, p. 10.

e testículos. Encara o corpo como uma relação direta e normal com o mundo que acredita poder apreender na sua objetividade, ao passo que considera o corpo feminino sobrecarregado com tudo o que o especifica: um obstáculo, uma prisão.

Nessa relação com o seu corpo encontramos a manifestação de poder com que o homem encara o mundo. Considera-se o Sujeito, o Absoluto: a mulher é o Outro.[98]

Beauvoir sustenta que a categoria do Outro é tão original quanto a própria consciência. Nas mais primitivas sociedades, nas mais antigas mitologias, encontra-se sempre uma dualidade que é a do mesmo e a do Outro. A assertiva de Rodrigo da Cunha Pereira[99] é no sentido de que somente a partir de uma *alteridade*, da existência de um diferente, de um *Outro*, é que se pode construir uma identidade. A partir da alteridade existimos como sujeitos humanos, mas isto não quer dizer que as diferenças signifiquem necessariamente a hegemonia de um sobre o outro. A construção de uma verdadeira cidadania só será possível na diversidade.

Mas a dicotomia dia/noite, razão/sentimento, anatomia/destino, etc., mostra que é comum nas sociedades o pensamento de pólos opostos, especificamente no que se refere a homem/mulher dentro de uma lógica que envolve os conceitos de dominação/submissão.

Beauvoir[100] refere que:

"A divisão não foi estabelecida inicialmente sob o signo da divisão dos sexos (...). Nos pares Varuna-

---

[98] O sentido de escrever-se a palavra *Outro* em letra maiúscula tem por base a teoria formulada por E. LEVINAS em seu ensaio *Le Temps Et L'Autre*, citada por Beauvoir em sua obra *O Segundo Sexo* - Fatos e Mitos, p. 10. Para Levinas, a alteridade realiza-se no feminino. Toda a fundamentação do filósofo é no sentido de afirmação da supremacia masculina.

[99] PEREIRA, Rodrigo da Cunha. *Direito de Família* – Uma..., p. 107.

[100] BEAUVOIR, Simone. *Op. cit.* p. 11.

Mitra, Sol-Lua, Dia-Noite nenhum elemento masculino acha-se implicado a princípio, nem tampouco na oposição do Bem ao Mal, de Deus a Lúcifer. A alteridade é uma categoria fundamental do pensamento humano. Nenhuma coletividade define-se nunca como Uma sem colocar imediatamente a Outra diante de si (...). Os judeus são os 'outros' para o anti-semita, os negros para os racistas norte-americanos, os indígenas para o colono, os proletários para as classes dos proprietários."

E prossegue a citada autora[101] perguntando como se entende que entre os sexos essa reciprocidade não tenha sido colocada, que um dos termos tenha-se imposto como o único essencial, negando toda relatividade em relação a seu correlativo, uma vez que nenhum sujeito coloca-se imediata e espontaneamente como inessencial. Para que o Outro não se transforme no Um é preciso que se sujeite ao ponto de vista alheio.

Jacques Derrida, de quem Joan Scott (*Gender: a useful category of historical analysis*) toma alguns conceitos, citada por Louro,[102] lembra que no jogo das dicotomias os dois pólos diferem e se opõem e, aparentemente, cada um é uno e idêntico a si mesmo. A dicotomia marca, também, a superioridade do primeiro elemento. Aprendemos a pensar e a pensar-nos dentro desta lógica e abandoná-la não é tarefa simples. A *desconstrução* das dicotomias seria indispensável para demonstrar-se que cada pólo contém o outro. Não é uno, e sim plural. A mulher não é um conceito uno e rígido, e sim vários e diferentes conceitos. Não existem mulheres idênticas entre si porque se devem levar em conta outros fatores que não apenas o sexo, mas também a raça, a crença, a escolarização, a idade, a classe, etc.

---

[101] Ibidem. p. 12.
[102] LOURO, Guacira Lopes. *Gênero...*

Os pares dicotômicos apresentam-se como masculinos/femininos e evidenciam a prioridade do primeiro elemento, o masculino, do qual o feminino deriva-se. A *desconstrução* derruba esta lógica e faz perceber que o que aparenta ser o "natural" e fixo para cada sexo nada mais é do que uma oposição construída pelo discurso cultural.

A construção do gênero passa pela desconstrução das dicotomias, uma vez que o próprio significado da diferença sexual é colocado em termos de oposição (natureza ou cultura, biologia ou socialização), o que é um modo de compreensão que está muito próximo da conhecida expressão "anatomia-destino".

E afirma a estudiosa feminista Teresa de Laurentis[103] que mesmo devendo-se à cultura as diferenças sexuais, o problema de conceber as diferenças permanece, visto que o masculino é o padrão, a referência de todo discurso legitimado.

Na desconstrução do gênero está-se construindo o gênero, já que ele não é imutável, modifica-se sempre que a sociedade modifica-se. E esta construção continua a ocorrer de forma contínua não só onde se espera que aconteça, lembra Teresa de Laurentis,[104] como na mídia, nas escolas públicas e particulares, nos tribunais, na família nuclear,[105] extensa[106] ou monoparental.[107] Em

---

[103] LAURENTIS, Teresa de. *Feminist Studies/Critical Studies: Issues, terms and contexts*. Bloomington e Indianápolis: Indiana University Press, 1986.

[104] LAURENTIS, Teresa de. Tecnologia do Gênero. In: Hollanda, Heloísa Buarque de. *Tendências e Impasses - O Feminismo como Crítica de Cultura*. Rio de Janeiro: Rocco, 1994, p. 209.

[105] Por *família nuclear* compreende-se a pequena família tradicional, composta de pai, mãe e filhos, conforme depreende-se de FACHIN, Luiz Edson. *Op. cit.*, p. 307.

[106] É de LÈVI-STRAUSS, Claude. *O Olhar Distanciado*. Lisboa, Portugal: Ed. 70, 1983. p. 82, que se retira o significado de *família extensa*, que seriam as grandes famílias constituídas em torno de um patriarca pelos seus irmãos, pelos filhos, sobrinhos e netos e suas esposas, as filhas, sobrinhas e netas solteiras e assim sucessivamente até os bisnetos.

[107] O ainda discutido conceito de *família monoparental* foi fornecido por LEITE, Eduardo de Oliveira. *Famílias Monoparentais*. São Paulo: Revista dos Tribunais, 1997. p. 22. Uma família é definida como monoparental quando a

resumo, naquilo que denominou Louis Althusser[108] de "aparelhos ideológicos do Estado". Mas também na comunidade intelectual, nas práticas de vanguarda e, é claro, no feminismo.

Mas se hoje a discussão sobre o gênero alcançou patamares nunca vistos e estendeu-se a diversos e diferenciados segmentos sociais, intelectuais e culturais, um longo caminho teve de ser trilhado por todos aqueles que se debruçaram sobre o assunto, e a formulação que urge seja feita neste momento é de onde veio a submissão da mulher ao homem e aos ditames sociais se há na espécie humana tantos homens quanto mulheres?

Muitas vezes uma categoria consegue dominar a outra em razão da desigualdade numérica dos dominados. Basta ver-se o exemplo dos negros e dos judeus. Foi um acontecimento histórico, para Beauvoir,[109] que subordinou judeus e negros ao grupo mais forte (a diáspora judaica e a introdução da escravidão na América do Norte, respectivamente). Os oprimidos tinham e têm em comum um passado, uma tradição, uma religião, uma cultura.

Mas com relação à mulher, que nunca foi minoria e tem a mesma origem, religião e cultura do homem, por que sempre esteve subordinada a ele?

Sua dependência e desigualdade não são conseqüências de um evento singular, elas ocorreram, segundo Foucault,[110] como decorrência das relações de poder, onde o dominador aprisiona, governa, avassala o outro.

---

pessoa considerada (homem ou mulher) encontra-se sem cônjuge ou companheiro e vive com uma ou várias crianças. FACHIN, *Op. cit.*, p. 37, dá como exemplo de *família pós-nuclear* a família monoparental. Rompe-se o padrão da família tradicional (nuclear) e passa-se a aceitar novas formas de família (pós-nuclear), ou seja, aquela composta por um dos genitores com o(s) seu(s) filho(s).

[108] Citado por LAURENTIS, Teresa de. *Tecnologia*....

[109] BEAUVOIR, Simone. *Op. cit.* p. 12.

[110] FOUCAULT, Michel. *A Microfísica do Poder*. 12. ed. Tradução e organização de Roberto Machado. Rio de Janeiro: Graal, 1996. p. XIV.

A partir dos debates provocados pelas minorias, notadamente insuflados pelo movimento feminista, acentuou-se, segundo Guacira Louro,[111] a fragilidade da rígida concepção polarizada dos gêneros. A concepção de *uma* condição masculina dominante e *uma* condição feminina dominada só pode ser entendida como uma simplificação.[112]

Para Foucault,[113] a luta envolvendo homens e mulheres funda-se na base da sociedade governada pelos homens. Estes, por deterem o poder econômico, cultural e nas relações familiares, ocupam uma posição privilegiada no mundo.

O interessante na análise foucaultiana é que para ele o poder funciona como uma rede de dispositivos ou mecanismos a que nada ou ninguém escapa e não existe exterior possível, limites ou fronteiras.

A idéia básica do filósofo é mostrar que as relações de poder não se passam fundamentalmente nem no nível do direito nem no da violência, nem são basicamente contratuais nem unicamente repressivas. A ação sobre o corpo, o adestramento do gesto, a regulação do comportamento, a normatização do prazer, a interpretação do discurso com o objetivo de separar, comparar, distribuir, avaliar, hierarquizar, tudo faz com que apareça esta figura singular, individualizada - o sujeito - como produção do discurso do poder.

---

[111] LOURO, Guacira Lopes. *O Currículo e as Diferenças Sexuais e de Gênero - O Currículo nos Limiares do Contemporâneo.* Porto Alegre: DP&A, 1998. p. 86. Cap. 4 do livro.

[112] A simplificação inadmissível funda-se no fato de que seres humanos oprimem outros seres humanos. Homens oprimem homens, homens oprimem mulheres, homens e/ou mulheres oprimem crianças. SAFFIOTI, Heleieth Iára Bongiovani. *Relações...*, p. 26, escreve: "A totalidade das mulheres não é dominada pelos homens em seu conjunto. Há mulheres que dominam mulheres e mulheres que dominam homens. Em geral, contudo, as mulheres são dominadas pelos homens". No âmbito específico deste livro, a dominação estudada é a que diz respeito a homem/mulher.

[113] FOUCAULT, Michel. *A Microfísica...*, p. XIV.

A importância que possuem os sexos masculino e feminino em nosso passado histórico, os papéis e simbolismos sexuais nas diferentes sociedades e períodos e o sentido e funcionamento deles na manutenção ou mudança do discurso do poder são os objetivos precípuos do estudo do gênero.

2.2. Distinção entre sexo, identidade sexual, gênero e identidade de gênero

Sexo e *gênero* são termos que até uma década atrás se recobriam um ao outro de maneira inextrincável. No sentido específico da abordagem constitucional, certamente que a palavra contém bem mais significações do que apenas os designativos de *a espécie humana* ou *a humanidade* encontrados no dicionário.[114]

A clivagem efetuada na profundeza dos conceitos reduz o papel do instintivo, do herdado, do biologicamente determinado em favor do caráter significante que as marcas da anatomia sexual adquirem para o ser humano através das crenças de nossa cultura.

É assim que Bleichmar[115] coloca a questão:

"(...) no dicionário, gênero é simplesmente sinônimo de sexo (Webster, 1966) e se podem encontrar definições tais como: 'por sexo se entende o gênero (macho ou fêmea) com que nasce a criança' (Rosemberg, Sutton-Smith, 1972). Os dicionários da Real Academia Espanhola (1970) e o Petit Robert (1972) só concebem o gênero em relação com a diferenciação sexual em termos exclusivamente gramaticais: 'o pertencer ao sexo masculino ou feminino ou a

---
[114] FERREIRA, Aurélio Buarque de Hollanda. *Op. cit.*
[115] BLEICHMAR, Emilce Dio. *Op. cit.* p. 32.

coisas neutras'. Em troca, sexo contém a diversidade de significações correntes: 'conformação particular que distingue o homem da mulher atribuindo-lhe um papel determinado na geração que lhe confere certas características distintivas'; 'qualidade de homem ou de mulher'; 'o sexo forte e o sexo fraco'; 'órgãos genitais externos'".

No Fowler, *Dicionnary of Modern English Usage*, (Oxford, 1940), encontra-se gênero como:

"Gender. s., apenas um termo gramatical. Seu uso para falar de pessoas ou criaturas do gênero masculino ou feminino com o significado de sexo masculino ou feminino constitui uma brincadeira (permissível ou não, pendendo do contexto) ou um equívoco."

Foi através das feministas anglo-saxãs que *gender* passou a ser usado como distinto de *sex*, rejeitando-se, assim, um determinismo biológico implícito no uso de termos como sexo ou diferença sexual, segundo Louro.[116]

Pode-se observar que, enquanto gênero é distinguido como um conceito unitário que não leva em conta fenômenos humanos ou sociais, sexo não somente inclui as peculiaridades anatômicas mas todo um universo de significações simbólicas que rege as teorias vigentes sobre o sexo e o gênero em nossa cultura.

As construções e reproduções das relações desiguais entre homens e mulheres devem ser buscadas nos arranjos sociais, na história, nas condições de acesso aos recursos da sociedade, porque é no âmbito das relações sociais que se constroem os gêneros. As pessoas do sexo feminino tornam-se membros de um gênero subordinado, para Alessandro Baratta,[117] na medida em que em

---

[116] LOURO, Guacira Lopes. *O Currículo...*, p. 21.

[117] BARATTA, Alessandro. O Paradigma do Gênero. In: CAMPOS, Carmen Hein de. *Criminologia e Feminismo*. Porto Alegre: Sulina, 1999. p. 21-22.

uma sociedade e cultura determinadas a posse de certas qualidades e o acesso a certos papéis vêm percebidos como naturalmente ligados somente a um sexo biológico e não a outro.

Essa falta de precisão não se estende apenas ao mundo leigo, uma vez que no campo científico muito se debateu o assunto para chegar-se a uma clara diferenciação entre os conceitos.

Pode-se dizer que sob o substantivo *gênero* agrupam-se os aspectos psicológicos e culturais da masculinidade/feminilidade, reservando-se para *sexo* os componentes biológicos e anatômicos e para designar o intercâmbio sexual propriamente dito, conforme Bleichmar.[118]

Gênero, segundo Maria Luiza Heilborn,[119] é a distinção entre os atributos culturais alocados a cada um dos sexos e a dimensão biológica dos seres humanos. É uma categoria social imposta sobre um corpo sexuado.

O termo *gênero*, então, é uma forma de indicar "construções culturais", ou seja, a criação inteiramente social sobre os papéis adequados aos homens e às mulheres. E estas concepções culturais de masculino e feminino, para Laurentis,[120] aparecem:

"(...) como duas categorias complementares mas que se excluem mutuamente, nas quais todos os seres humanos são classificados formando, dentro de cada cultura, um sistema de gênero, um sistema simbiótico ou um sistema de simplificações que relaciona o sexo a conteúdos culturais de acordo com valores e hierarquias sociais. Embora os significados possam variar de uma cultura para outra, qualquer sistema sexo-gênero está sempre intimamente

---

[118] BLEICHMAR, Emilce Dio. *Op. cit.*, p. 33.
[119] HEILBORN, Maria Luiza. *Op. cit.*, p. 29.
[120] LAURENTIS, Teresa de. *Tecnologia* .... p. 211.

interligado a fatores políticos e econômicos em cada sociedade."

Distinguidos sexo e gênero, faz-se necessário entender o conceito de *identidade de gênero*, pois o gênero constitui a identidade do sujeito, faz *parte* do sujeito.

O sentido de pertencer-se a determinados grupos, que podem ser étnicos, de classe, de gênero, etc., *faz* o sujeito brasileiro *ou* africano, negro *ou* branco, homem *ou* mulher, etc., conforme Louro,[121] a qual vai além e afirma que quando se fala em identidade de gênero não se pode fugir das questões que envolvem a sexualidade de homens e mulheres:

> "(...) as identidades sexuais constituem-se através das formas como vivem sua sexualidade, com parceiros(as) do mesmo sexo, do sexo oposto ou sem parceiros(as). Por outro lado, os sujeitos também se identificam, social e historicamente, como masculinos ou femininos e assim constróem suas identidades de gênero (...)".

Por mais que *pareçam* ser a mesma coisa, *identidade sexual* e *identidade de gênero* não se confundem e deve-se pensá-las distintamente, visto que o primeiro conceito diz com a maneira como vivemos nossa sexualidade, e o segundo, com a condição mental de *sentir-se* homem ou mulher.

Stöller,[122] ao escrever sobre *identidade de gênero*, assim posiciona-se:

> "O termo identidade de gênero refere-se à mescla de masculinidade e feminilidade em um indivíduo, significando que tanto a masculinidade como a feminilidade são encontradas em todas as pessoas

---

[121] LOURO, Guacira Lopes. *O Currículo...*, p. 27.

[122] STÖLLER, Robert J. *Masculinidade e Feminilidade - Apresentação de Gênero*. Porto Alegre: Artes Médicas, 1993. p. 29.

mas em formas e graus diferentes. Isto não é igual à qualidade de ser homem ou mulher, que tem conotação com a biologia. Identidade de gênero encerra um comportamento psicologicamente motivado. Embora a masculinidade combine com a qualidade de ser homem e a feminilidade com a de ser mulher, sexo e gênero não estão, necessariamente, de maneira direta relacionados. Masculinidade ou feminilidade são definidas, aqui, como qualquer qualidade que é sentida, por quem a possui, como masculina ou feminina. Em outras palavras: masculinidade ou feminilidade é uma convicção - mais precisamente uma densa massa de convicções, uma soma algébrica de 'se', 'mas' e 'é' - não um fato incontroverso (...). Tais convicções não são verdades eternas; elas se modificam quando as sociedades se modificam."

2.2.1. A formação da identidade de gênero

"Nasceu! É uma menina!"

Nesse momento, dois grandes legados recebe este ser humano acabado de nascer: a designação de pertencer ao sexo feminino (uma vez que o *gênero feminino* estabelecer-se-á através do aprendizado familiar, social e cultural) e uma das mais longas lutas empreendidas por um grupo humano em busca da igualdade nas relações interpessoais.[123]

---

[123] O *gênero feminino*, conforme fundamentação anteriormente exposta nesta obra, é fruto de uma construção social. A busca das mulheres pela igualdade consiste, segundo as pesquisas desenvolvidas para elaborar-se este trabalho, numa das mais longas lutas da história da humanidade, porque o tratamento desigual e a "marca de inferioridade" acompanham-nas desde os primórdios, excluindo-as do pleno gozo e exercício dos direitos inalienáveis do ser humano.

A rotulação que médicos e familiares realizam do recém-nascido converte-se no primeiro critério de identificação de um sujeito e determinará o núcleo de sua identidade de gênero. A partir deste momento, a família inteira da criança posicionar-se-á em respeito a este dado e será emissora de um discurso cultural que refletirá os estereótipos que cada um deles sustenta para a criação adequada deste corpo identificado, é a lição que se retira de Bleichmar.[124]

O que determina a identidade de gênero não é tão-só o sexo biológico, e sim as experiências vividas pela criança a partir do assinalamento do sexo.

Lacan[125] assegura que é na família que se transmite a cultura que norteará as condutas dos indivíduos de ambos os sexos, e os papéis que cada um deles representará no grupo social. O pai, a mãe e os filhos ocupam lugares específicos e, conseqüentemente, funções específicas.

Rodrigo da Cunha Pereira,[126] analisando a obra de Lacan, afirma que a família não é um grupo natural, mas cultural:

"Se as tradições espirituais, a manutenção dos ritos e dos costumes, a conservação das técnicas e do patrimônio são com ela disputados por outros grupos sociais, a família prevalece na primeira educação, na repressão dos instintos, na aquisição da língua acertadamente chamada de materna. Com isto, ela preside os processos fundamentais do desenvolvimento psíquico, preside esta organização das emoções (...) transmite estruturas de comportamento e representação cujo jogo ultrapassa os limites da consciência."

---

[124] BLEICHMAR, Emilce Dio. *Op. cit.*, p. 31.
[125] LACAN, Jacques. *Op. cit.*, p. 13.
[126] PEREIRA, Rodrigo da Cunha. *Direito de Família Contemporâneo.* Belo Horizonte: Del Rey, 1997, p. 19.

Stöller[127] sustenta que pelo sentimento *sou menina(o)* deve-se entender o núcleo da consciência, a autopercepção de sua identidade genérica, de pertencer a uma categoria, tendo por base que nem todos os seres humanos pertencem à mesma, quer dizer, que existem diferenças entre o seu corpo identificado como masculino (sendo menino) ou feminino (sendo menina). É o começo da distinção das diferenças entre os sexos.

Do nascimento em diante, a(o) menina(o) vai tendo percepções sensoriais de seus órgãos genitais, fonte biológica de sua futura identidade de gênero. Durante o segundo, terceiro e também quarto ano de vida, as crianças estabelecem as diferenças de gênero por traços exteriores e secundários, quais sejam, o comprimento dos cabelos, vestimenta, tamanho corporal, segundo qual destes atributos seja destacado pelo discurso materno para estabelecer a rotulação.

A criança aprende a discriminar as rotulações de gênero que correspondem aos comportamentos aprovados e também aprende a empregar tal etiquetação em si mesma. E seu processo será reforçado ou desaprovado por seus pais.

É através de sua identificação primária com a mãe, geradora do primeiro discurso cultural, que a menina nomear-se-á, conhecer-se-á e chamar-se-á a si mesma. Tal discurso não fará mais do que redobrar os enunciados através dos quais a mãe define-se e identifica a filha como sua dupla.

A convicção de nosso *self*, de nosso papel, a mescla de masculinidade ou feminilidade encontradas em todas as pessoas é o que se entende como *identidade de gênero*, cujo núcleo é a percepção de nosso sexo. O que somos e a percepção do sexo que possuímos reúnem-se num só

---

[127] STÖLLER, Robert J. *Op. cit.*

conceito: o de *identidade de gênero*, segundo Harold Blum.[128]

É a estrutura social, para Bleichmar,[129] a que prescreve a série de funções para o homem e para a mulher como "próprios" ou "naturais" de seus respectivos gêneros.

Em cada cultura, em seus diversos estratos, encontra-se rigidamente pautado o que se espera de um menino ou de uma menina.

O estereótipo do papel do gênero[130] sanciona como pertinentes ao gênero feminino - quer dizer, como características positivas - uma série de condutas que, ao mesmo tempo, possuem uma baixa auto-estima social (temor, passividade, dependência). Estes estereótipos estão tão profundamente arraigados que são considerados como a expressão dos fundamentos biológicos do gênero.

A observação de crianças demonstra que tão logo o bebê recebe o nome feminino é bombardeado com mensagens verbais e não-verbais que transmitem um sentimento de identificação com o seu sexo, começando, a partir daí, a ser construída a identidade de gênero feminina.

Certamente existem diferenças inatas entre bebês e crianças do sexo masculino e feminino, porém mais cruciais para a formação da identidade de gênero são as aprendizagens da criança pequena.

Os pais relacionam-se de maneira diferente com meninas e meninos desde o nascimento. As expectativas e reforços seletivos transmitidos à menina são diferentes

---

[128] BLUM, Harold. *Psicologia Feminina* - Uma Visão Analítica Contemporânea. Porto Alegre: Artes Médicas, 1992, p. 16.
[129] BLEICHMAR, Emilce Dio. *Op. cit.*, p. 38.
[130] *Papel do gênero:* conjunto de expectativas acerca dos comportamentos sociais apropriados para pessoas que possuem determinado sexo. BLEICHMAR, Emilce Dio. Ibidem.

daqueles transmitidos aos meninos, embora geralmente o processo seja sutil. As cargas de socialização conhecidas para ambos os sexos desassemelham-se o suficiente para produzir conhecidas diferenças de gênero, em dependência e agressão, bem como em outros traços. Blum[131] sustenta que pela cognição de ambos os pais - *nosso bebê é uma menina* - organiza-se todo um conjunto de sugestões, recompensas e sanções seletivas para a criança, que expressará uma identidade de menina.

A psicodinâmica da família, que tão poderosamente molda a identidade de gênero dos filhos, sejam homens ou mulheres, excede a influência da biologia salientada por Freud[132] no desenvolvimento inicial da identidade de gênero.

Pode-se afirmar, sem medo de cometer-se um erro crasso, que para a atribuição do gênero o nascimento é o momento crucial. Não se pode compreender a identidade de gênero ou papel de gênero, segundo Stöller,[133] sem dar-se o devido crédito ao momento da atribuição, o que, por sua vez, põe em movimento todo um processo de aculturação que ensina à menina ser ela do sexo feminino e o que, como mulher, deve pensar, sentir e agir na família e no segmento da sociedade em que a família representa e atua.

A estrutura social condicionou os papéis e estereótipos do gênero para cada sexo. Segue-se esperando que a menina seja doce e boazinha, case-se e forme uma família.[134]

---

[131] BLUM, Harold. *Op. cit.*, p. 16-17.

[132] FREUD, Sigmund. *Publicações Pré-Psicanalíticas e Esboços Inéditos*. Rio de Janeiro: Standart Brasileira das Obras Psicológicas Completas de Sigmund Freud. Rio de Janeiro: Imago, 1987.

[133] STÖLLER, Robert J. *Op. cit.*, p. 30.

[134] O que se pretende dizer, no texto, com "formação de uma família", diz com a constituição da família tradicional: pai, mãe e filhos. Segue-se esperando que a mulher não fuja da moldura convencionada, ou seja, que não

A força da cultura é tão significativa que o clichê do papel feminino encerra a mulher dentro de limites previamente fixados. A igualdade existente entre homens e mulheres é meramente formal, uma vez que se segue esperando delas a submissão, a dependência, a falta de competitividade, pois tais condutas foram sendo reforçadas ao longo do tempo como características propriamente femininas. O gênero está subordinado ao papel, e as expectativas do papel são concebidas como a mais pura expressão das fontes biológicas do gênero. Como resultante do discurso cultural e da aprendizagem, aliados às determinações biológicas, tem-se a identidade de gênero.

Toda e qualquer análise sobre a condição feminina há de, inevitavelmente, passar pelo papel que a mulher ocupa no processo reprodutivo, o que na verdade significa dizer pelas formas institucionais que a sociedade encontra para lidar com ele. Por intermédio de certos mecanismos ideológicos, a função feminina, determinada pela especificação biológica dos cargos, tende a ser estendida a outros campos. O seu caráter puramente natural é transposto para outras atribuições culturalmente destinadas ao sexo feminino, obscurecendo-se deste modo o índice arbitrário da escolha cultural das modalidades de organização da família expressa.

Durhan[135] salienta:

"É próprio do senso comum conceber instituições estáveis da sociedade antes como formas 'naturais'

---

opte pela união estável, união livre ou constituição de uma família monoparental. Por *união estável* entende-se, segundo os ensinamentos de FACHIN, Luiz Edson. *Op. cit.*, p. 60, a relação entre um homem e uma mulher segundo um padrão próximo ao casamento, tão semelhante a este que a Constituição Federal faculta a sua conversão; por *união livre*, prossegue o autor, tem-se uma associação informal tão distinta do casamento que não é facultada a sua conversão em nível de garantia constitucional.

[135] DURHAN, Eunice. *Família e Reprodução Humana* - Perspectivas Antropológicas da Mulher. Rio de Janeiro: Zahar, 1983, p. 13-14.

de organização da vida coletiva que como produtos mutáveis da atividade social. No caso da família, entretanto, a naturalização é extremamente reforçada pelo fato de se tratar de uma instituição que diz respeito, privilegiadamente, à regulamentação social de atividade de base nitidamente biológica: o sexo e a reprodução."

Se homens e mulheres, segundo Heilborn,[136] como integrantes da cultura, estão submetidos às mesmas convenções sociais, ainda que com papéis distintos, a mulher é, por assim dizer, capturada uma segunda vez nas malhas de uma suposta naturalidade. À medida que a família implica necessariamente uma divisão sexual do trabalho, o cuidado com a prole, que se situa para além do papel propriamente reprodutivo, é sempre destinado a ela mas, ainda assim, recebe uma carga simbólica de atributo pré-social da condição feminina.

Os dados da biologia aliam-se inextricavelmente aos dados culturais e acabam por exigir da mulher os comportamentos-padrão aceitáveis na sociedade.

Se para Beauvoir[137] a função reprodutora é o marco da desigualdade social, Badinter,[138] através de fundamentada análise da família, sustenta que o amor materno também é, na maioria das vezes, atribuído culturalmente à mulher e nem é ele tão natural ou instintivo quanto se pensa. Questiona-o em cotejo com dados históricos que comprovam ter o comportamento desta com relação à prole variado, num período de dois séculos, entre a indiferença e a rejeição, uma vez que:

"Segundo a sociedade valorize ou deprecie a maternidade, a mulher será, em maior ou menor medida,

---

[136] HEILBORN, Maria Luiza. *Op. cit.* p. 29.

[137] BEAUVOIR, Simone. *Op. cit.*

[138] BADINTER, Elizabeth. *Um Amor Conquistado:* O Mito do Amor Materno. Rio de Janeiro: Nova Fronteira, 1985. p. 26.

uma boa mãe (...). Mas além do peso dos valores dominantes e dos imperativos sociais, delineia-se um outro fator não menos importante na história do comportamento materno. Este fator é a surda luta entre os sexos que por tanto tempo traduziu-se na dominação de um sobre o outro. Neste conflito entre homem e mulher, a criança desempenha um papel essencial. Quem a domina e a tem do seu lado pode esperar levar a melhor quando isto convém à sociedade (...)".

Homens e mulheres, portanto, constroem suas identidades de gênero em conformidade com os ditames sociais e culturais de seu tempo. As leis, por sua vez, são editadas sob a ótica dos papéis a cada um deles destinado. Logo, cultura e direito caminham juntos e reforçam as desigualdades entre os gêneros.

2.3. A evolução do princípio da igualdade no Direito Constitucional brasileiro

A preocupação com as desigualdades não é recente, basta ver-se que o Cristianismo,[139] na antiguidade, já difundia a filosofia da igualdade e todas as Constituições dos países do mundo ocidental com ela se preocuparam.

Infere-se do magistério de Maristela Basso Tamagno[140] ser certo que:

---

[139] Não se deve confundir *Cristianismo*, conjunto das religiões cristãs, i.e., baseadas nos ensinamentos, na pessoa e na vida de Jesus Cristo: o catolicismo, o protestantismo e as religiões ortodoxas orientais com *Catolicismo*, religião dos cristãos que reconhecem o Papa como autoridade máxima, que se confirma e se expande por meio dos sacramentos, que venera a Virgem Maria e os santos, que aceita os dogmas como verdades incontestáveis e que tem como ato litúrgico mais importante a missa. FERREIRA, Aurélio Buarque de Hollanda. *Op. cit.*

[140] TAMAGNO, Maristela Basso. *O Direito de Família e a Constituição Federal de 1988.* São Paulo: Saraiva, 1989, p. 117.

"(...) as Constituições dos Estados modernos têm consagrado o princípio da igualdade de direitos entre homens e mulheres e países importantes como França, Alemanha, Itália e Espanha têm demonstrado um esforço enorme em alcançar nas legislações ordinárias as determinações constitucionais do princípio da isonomia, equiparando cada vez mais os cônjuges nas suas relações, o que serve de exemplo ao nosso."

As Constituições brasileiras, na análise de Verucci,[141] contemplaram as mulheres com o princípio da igualdade perante a lei. A de 1934, por exemplo, referia-se expressamente à igualdade *"sem distinção de sexo, raça, trabalho, credo religioso ou convicções políticas."* A de 1937, além de conservar o princípio contido na anterior, referiu-se expressamente à igualdade perante a lei por sexo.

Em 1946, surpreendentemente se reduziu o conceito a uma disposição genérica contida no § 1º do artigo 141 (referente à inviolabilidade dos direitos), a de que *"todos são iguais perante a lei."*

Constata-se, então, que a igualdade entendida como *equalização dos diferentes*, nas palavras de Bobbio,[142] é um ideal permanente e perene dos seres humanos vivendo em sociedade e jamais, como no século XX, foram postas em discussão as três fontes principais de desigualdade - a raça, o sexo e a classe social.

Toda superação dessa ou daquela discriminação é interpretada como uma etapa do progresso da civilização, conforme Bobbio,[143] que salienta estar o racismo tornando-se uma marca de infâmia. A sociedade sem classes, na qual o livre desenvolvimento de cada um seria condição para a livre evolução de todos, ainda é

---
[141] VERUCCI, Florisa. *Op. cit.*, p. 37.
[142] BOBBIO, Norberto. *Op. cit.*, p. 43.
[143] Ibidem, p. 43-44.

um ideal comunista atuando na direção da luta contra a desigualdade. Mas é a igualdade entre os sexos a que tem merecido mais atenção, pois tem-se constituído na *grande revolução silenciosa, na primeira revolução incruenta da história* e conduz, lenta mas inexoravelmente, à atenuação até chegar à total eliminação da discriminação entre os sexos, sinal seguro de que a história humana encontra-se em marcha rumo ao que o pensador político entende por *valorização dos diferentes*.

Os valores da liberdade e da igualdade, para Bobbio,[144] estão intrinsecamente ligados no pensamento político e na história, por dizerem com o ser humano como pessoa, sendo que:

> "Liberdade indica um estado; igualdade uma relação. O homem como pessoa - ou para ser considerado como pessoa - deve ser, enquanto indivíduo na sua singularidade, livre; enquanto ser social deve estar com os demais indivíduos numa relação de igualdade."

Se a liberdade é um direito natural[145] da pessoa humana, é inegável que homens e mulheres possuem este direito. E poucos o questionaram enquanto direito inalienável. Analisando-se a história política da humanidade não se constatam, em momento algum, determinações de que esta liberdade estaria condicionada ao sexo do indivíduo. Quando nasce um menino ou uma menina não se determina ser o menino livre e a menina não. Pode-se dizer, entretanto, que o menino é *mais livre*

---

[144] Ibidem, p. 7.

[145] É certo que a história da humanidade passou por uma das mais tormentosas e degradantes situações de avassalamento do semelhante: a escravidão. Todavia, a escravidão não foi um fato unanimemente aceito desde o seu aparecimento, já que existiam filósofos, religiosos e pensadores em geral que contra ela manifestavam-se e insurgiam-se. O mesmo não se pode dizer com relação à desigualdade com que esta mesma história sempre tratou a mulher. A discriminação entre os sexos foi vista, durante séculos, como uma situação natural e permissível.

que a menina nos costumes e na vida social. Utilizando-se o mesmo exemplo com relação à igualdade, os dois sexos não são considerados iguais desde o nascimento (e isto não levando em conta as diferenças biológicas entre eles). A cultura, as leis, o senso comum colocam-nos desde o início como desiguais.

A idéia de igualdade sempre vem associada a outro valor: a justiça. Bobbio[146] indaga: a justiça precede a igualdade ou a igualdade precede a justiça? Transcreve-se, na íntegra, a resposta do cientista político:

"A precedência de uma ou de outra palavra depende também do contexto histórico. As vítimas de um poder opressivo pedem, antes de mais nada, liberdade. Diante de um poder arbitrário, pedem justiça. Diante de um poder despótico que seja ao mesmo tempo opressivo e arbitrário a exigência de liberdade não pode se separar da exigência de justiça."

Conclui-se, então, que liberdade, igualdade e justiça são valores ligados de forma indissolúvel. No momento em que se nega à mulher a igualdade na lei, nega-se a este ser humano parte de sua liberdade, atingindo-o em sua dignidade[147] e, certamente, impedindo-se a realização da justiça.

Somente se pode pensar em igualdade pensando-se em justiça. Rawls[148] afirma: *"(...) a justiça se apresenta como um dos elementos essenciais e juridicamente indispensáveis à legitimidade e à continuidade mesma do direito positivo."*

---

[146] BOBBIO, Norberto. *Op. cit.*, p. 7.

[147] A Constituição Federal brasileira estabelece em seu art. 1º: "A República Federativa do Brasil, formada pela união indissolúvel dos Estados e Municípios e do Distrito Federal, constitui-se em Estado Democrático de Direito e tem como fundamentos: I - a soberania; II - a cidadania; III - a dignidade da pessoa humana; IV - os valores sociais do trabalho e da livre iniciativa; V- o pluralismo político."

[148] RAWLS, John. *Uma Teoria da Justiça*. Tradução de Almiro Pisetta e Lenita M.R. Esteves. São Paulo: Martins Fontes, 1997, p. 3.

E a igualdade de gênero, que os ordenamentos jurídicos atuais vêm abrigando na busca de estabelecer as bases do próprio Direito e das relações sociais, é uma regra de juízo. Prossegue John Rawls[149] para concluir que a liberdade é desigual quando uma categoria de pessoas possui mais liberdade que a outra. O sexo masculino sempre gozou de maior liberdade na sociedade do que o sexo feminino. A liberdade da mulher é, ainda hoje, o que se pode chamar de *direito virtual*, ou seja, apesar de expresso na Lei Maior, é apenas vislumbrado no dia-a-dia.

Não foram escritos tratados para discutir se a liberdade perante a lei contemplaria homens e mulheres de forma igualitária, pois isto é uma premissa lógica. Todavia, com relação à igualdade entre os sexos no preceito e na aplicação legislativos inúmeras discussões foram travadas e ainda hoje ocupam páginas e páginas de livros dos mais renomados autores. Conseqüentemente, a igualdade não é uma premissa lógica.

A leitura que sempre se fez da pessoa humana importa num corte epistemológico: vê-se o indivíduo sob um aspecto: o seu sexo, a sua crença, a sua posição social, etc., e com isto tornam-se evidentes as restrições que a cultura impôs às mulheres, que mais do que qualquer outro foram catalogadas e discriminadas fundamentalmente em razão do sexo.

A discriminação sexual juridicamente relevante é a discriminação sexual no Direito, segundo Dahl,[150] e é por isto que se encontram nos estatutos civil, previdenciário, trabalhista, penal, etc., um terreno fértil para a análise das razões para o tratamento desigual concedido por estas leis aos dois sexos pelo simples fato de serem biologicamente diferentes, sem que nenhuma outra base

---

[149] Ibidem, p. 320.
[150] DAHL, Tove Stang. *Op. cit.*, p. 58.

de sustentação seja acionada para que tal discriminação justifique-se.

Depois de avanços e retrocessos, em 1988 a Carta Política do Brasil estabeleceu no Capítulo I - *Dos Direitos Individuais e Coletivos* - artigo 5º que: *"Todos são iguais perante a lei, sem distinção de qualquer natureza (...)."* Nesse momento a Constituição contemplou, de forma expressa, homens e mulheres como *iguais perante a lei* e merecedores, portanto, de isonômico tratamento perante o direito. Constatando que a lei não pode estar em desacordo com os anseios e os costumes sociais, ouviram os constituintes a voz da consciência e expressaram no texto magno a obrigatoriedade das legislações ordinárias de passarem a elaborar leis em consonância com a igualdade preconizada.

A expressão utilizada pela Constituição Federal ("todos são iguais perante a lei"), depreende-se de Kelsen,[151] não possuiria significação peculiar alguma. Seria apenas a obrigatoriedade do operador do direito de aplicar a lei conforme ela estivesse redigida e codificada. O que vale em matéria de igualdade é a que deriva da *própria lei*, e é justamente aí que reside a máxima do conceito - a lei encontra seus limites na igualdade entre os seres humanos.

Este artigo 5º preconiza a igualdade formal, aplicável a todos os indivíduos genericamente e pertence ao que se denominou de direitos de primeira geração. Em se tratando de homens e mulheres deve-se ter presente que a efetivação do princípio da igualdade somente será possível com a ampliação dos direitos de segunda geração - os *direitos à igualdade material*, já que o Estado não é mais apenas um garantidor de direitos, e sim devedor de direitos.

---

[151] KELSEN, Hans. *Teoria Pura do Direito.* 4. ed. Tradução de João Baptista Machado. Coimbra, Portugal: Armênio Machado Editor, Sucessor, Colecção Studium, 1976.

Não basta, contudo, a afirmação de que a lei ordinária não pode ser editada em desconformidade com o princípio da igualdade, uma vez que esta afirmação é muito ampla. Deve-se fazer, isto sim, uma interpretação sistemática do direito positivo com os preceitos constitucionais porque *"o conteúdo jurídico, por força de sua natureza valorativa, transcende o mera e esparsamente positivado"*, segundo Juarez Freitas.[152]

Se interpretar o direito é hierarquizá-lo, e se o direito consiste em princípios,[153] normas[154] e valores,[155] [156] ainda no magistério de Freitas, depreende-se que:

"(...) a interpretação conforme a Constituição passa a ser, antes de mais, uma exegese que prestigia os princípios fundamentais enraizados ao longo da Carta, cumprindo ao intérprete, criteriosamente, desvelá-los e proteger-lhes a eficácia ou efetividade, no sentido largo do termo. Ademais, o hermeneuta pode considerar, fundamentadamente, como desdobramentos ou consectários dos princípios

---

[152] FREITAS, Juarez. *A Interpretação Sistemática do Direito*. 2. ed. São Paulo: Malheiros, 1998. p. 19.

[153] *Princípios* são os critérios ou diretrizes basilares de um sistema jurídico, traduzidos numa disposição hierarquicamente superior do ponto de vista axiológico em relação às normas e aos próprios valores, conforme FREITAS, Juarez. *Op. cit.*, p. 47.

[154] *Normas* são preceitos menos amplos e axiologicamente inferiores e que devem harmonizar-se com os princípios conformadores, segundo FREITAS, Juarez. Ibidem, p. 48. Sob a ótica deste livro, o princípio conformador das normas é o da igualdade.

[155] A conceituação de *valor* deve ser cotejada com a de *princípio*. O princípio engloba diretrizes e valores, ao passo que o valor pode determinar orientações ao sistema jurídico com maior ou menor grau de intensidade, segundo os ensinamentos de FREITAS, Juarez, ibidem.

[156] Em sua *Teoria de los derechos fundamentales*, Madrid: Centro de Estudios Constitucionales, 1997, ROBERT ALEXY, ao tratar da interpretação sistemática do Direito, não distingue "princípio" de "valor". O sistema jurídico, segundo este autor, é composto de *princípios* e *regras*. As *normas* que definem os direitos fundamentais são *princípios* e, dentro deles, está o *valor*. As *regras*, por sua vez, são constituídas de preceito e sanção e veiculam comandos que permitem, proíbem ou facultam comportamentos.

fundamentais constitutivos do ordenamento, os princípios da igualdade e da inviolabilidade do direito à vida (...). De qualquer sorte, ao elencá-los, o intérprete sistemático estará sempre hierarquizando-os, na formação concreta do sistema, e julgando consoante tal hierarquização de cunho axiológico. Em outro dizer, o sistema jurídico em geral é o resultado direto da interpretação, que se estabelece desde um catálogo, expresso ou tácito, de princípios, de normas e de valores."

Os princípios inseridos na Constituição Federal não são absolutos, exigem um juízo de ponderação entre os valores neles contemplados. As regras, por sua vez, dado o seu caráter de "tudo ou nada", devem ser cotejadas com a hierarquicamente superior, ou a mais moderna ou a especial.

A Constituição é hierarquicamente superior às leis ordinárias, por isto todas as regras nos Códigos inseridas e que se encontrem em desacordo com a Carta Política do país encontram-se revogadas tacitamente, devendo ser rejeitadas de plano.

Celso Antônio Bandeira de Mello[157] leciona, de forma perfeita, que o alcance do princípio não se restringe a nivelar os cidadãos diante da norma legal posta, mas que a própria lei não pode ser editada em desconformidade com a isonomia.

Contudo, apesar da previsão constante no artigo 5º, o constituinte, talvez com o intuito de reforçar os destinatários da norma constitucional, salienta que: "Homens e mulheres são iguais em direitos e obrigações (...)."

E, não satisfeito, foi além, reiterando a igualdade entre os gêneros no capítulo referente à família, estabelecendo no artigo 226, § 5º, que: "Os direitos e deveres

---

[157] MELLO, Celso Antônio Bandeira de. *O Conteúdo Jurídico do Princípio da Igualdade*. 3. ed. São Paulo: Malheiros, 1997. p. 9.

referentes à sociedade conjugal são exercidos igualmente pelo homem e pela mulher."

Homens e mulheres são seres humanos. E se todos os seres humanos são iguais perante a lei, vale perguntar-se: redundância? Para Eduardo de Oliveira Leite[158] sim, mas plena de significados, uma vez que, segundo suas próprias palavras:

"A tradição anterior de 20 séculos contrários à igualdade só encontra justificativa nesta intencionalidade veemente do constituinte, tentando fazer ingressar no mundo jurídico uma situação já reconhecida no mundo fático. Se a Lei Maior consagrou, mais uma vez, a igualdade entre o homem e a mulher (o que já ocorrera na Carta Imperial de 1824), a lei ordinária deverá submeter-se ao princípio hierarquicamente superior, sem possibilidade de contradição."

Neste momento cabe sejam tecidas algumas considerações sobre o sentido da palavra *discriminação* e, ato contínuo, o de *igualdade* para efeitos deste estudo, pois somente a partir das claras delimitações dos dois conceitos poder-se-á partir para a estruturação do estudo da *igualdade e da discriminação de gênero* sob o âmbito penal.

Eduardo de Oliveira Leite[159] preconiza que os termos *discriminar* e *igualar* são palavras-chaves quando se busca trabalhar o tema relativo aos direitos do homem e da mulher. E é com indiscutível acerto que assim o faz, porque será a forma primeira de abordagem do assunto em pauta.

Discriminar, segundo o dicionário,[160] significa *diferenciar, distinguir, estabelecer diferença*, e este ato de distinguir, no sentido específico de homens e mulheres, não

---

[158] LEITE, Eduardo de Oliveira. A Igualdade entre o Homem e a Mulher Face à Nova Constituição. *AJURIS*, 61/19, Rio Grande do Sul, p. 22, jul. 1994.

[159] Ibidem, p. 23-24.

[160] FERREIRA, Aurélio Buarque de Hollanda. *Op. cit.* p. 20.

encerra nenhum juízo de valor, conforme ressalta Callioli, citado por Eduardo de Oliveira Leite.[161] Mas prossegue o doutrinador dizendo que se distingue e diferencia um estudante por seu especial bom rendimento escolar, conferindo-se-lhe uma bolsa de estudos, esta discriminação supõe um juízo de valor, e estes juízos de valor têm relação direta com a justiça, aparecendo a *discriminação justa* e a *discriminação injusta*.

Por *discriminação justa* entende-se quando a diferenciação nos direitos e deveres obedece a razões de justiça, ainda segundo Leite,[162] que fornece o seguinte exemplo: só o bacharel em Direito está habilitado a exercer a advocacia, excluindo-se as pessoas que não se encontrem nesta circunstância. *Discriminação injusta* é a que consiste em tratar de forma diferente determinadas pessoas não se levando em conta fundamentos ou razões reais de direito que justifiquem o tratamento desigual, e sim razões outras que podem ser de credo, de raça, de idade ou de sexo. Aproveitando-se o exemplo referido pelo doutrinador para esclarecer o que seria a *justa discriminação*, pode-se afirmar que, ao negar-se o acesso de um bacharel em Direito a um curso de aperfeiçoamento em área de conhecimento jurídico que não seja a de sua atuação pelo fato de o profissional não possuir experiência na matéria que será ministrada, teremos a *discriminação injusta*.

É de fundamental importância ressaltar-se que homens e mulheres são diferentes. Estabelecer as diferenças anatômicas entre ambos não avilta nenhum dos dois sexos. O problema surge quando se discrimina em razão do sexo, ou, segundo Dahl,[163] quando se tratam diferen-

---

[161] CALLIOLI, Eugênio Carlos. A Igualdade Jurídica entre o Homem e a Mulher: Uma Manifestação do Direito como Justo (*apud* LEITE, Eduardo de Oliveira. *A Igualdade...*, p. 20).

[162] LEITE, Eduardo de Oliveira. *A Igualdade...*, p. 23.

[163] DAHL, Tove Stang. *Op. cit.*, p. 58-59.

temente homens e mulheres levando-se em conta apenas o seu sexo.

Celso Ribeiro Bastos e Ives Gandra Martins,[164] em seus *Comentários à Constituição do Brasil*, asseguram:

"A igualdade e a desigualdade não residem intrinsecamente nas coisas, situações e pessoas, porquanto, em última análise, todos os entes diferenciam-se entre si por mínimo que seja. O que acontece é que certas diferenças são tidas por irrelevantes segundo o critério que se tome como *discrímen*. (...) O que não se pode admitir, e este parece ser o sentido fundamental do dispositivo constitucional, é que sob o manto das desigualdades biológicas, fisiológicas, psicológicas e outras possa encobrir-se uma verdadeira diferenciação de dignidade jurídica, moral e social entre ambos os sexos."

Chega-se, agora, à análise do sentido da palavra *igualdade* e mais uma vez recorre-se ao dicionário[165] em busca do correto sentido do vocábulo, que vem como *qualidade ou estado de igual; paridade; justiça*. Ou, ainda, *relação entre os indivíduos em virtude da qual todos eles são portadores dos mesmos direitos fundamentais que provêm da humanidade e definem a dignidade da pessoa humana*.

A definição gramatical dos termos *igualdade* e *discriminação* foi alcançada. Mas qual é o sentido que eles ocupam no Direito?

Começa-se com o sentido jurídico de igualdade e para tanto busca-se em Gianformaggio[166] a assertiva de que igual não quer dizer idêntico. Uma mulher só é igual a outra mulher, mas ambas não são idênticas entre

---

[164] BASTOS, Celso Ribeiro, MARTINS, Ives Gandra. *Comentários à Constituição do Brasil*. São Paulo: Saraiva, 1989, p. 7-9.

[165] FERREIRA, Aurélio Buarque de Hollanda. *Op. cit.*

[166] GIANFORMAGGIO, Letizia. Igualdade e Diferença: São Realmente Incompatíveis? In: BONACHI, Gabriela, GROPPI, Ângela (orgs). *O Dilema da Cidadania. Direitos e Deveres das Mulheres*. São Paulo: UNESP, 1994. p. 263.

si, embora apresentem uma característica comum relevante, ou seja, o sexo feminino. Portanto, a par de estas duas mulheres possuírem esta característica comum relevante, elas não são idênticas entre si, e sim iguais entre si. A igualdade é uma relação que somente pode ser colocada entre duas entidades distintas, ou seja, entre um homem e uma mulher, porque embora não possuam ambos a peculiaridade anatômica do mesmo sexo, possuem outra característica relevante em comum: a de seres humanos.

É justamente nas diferenças existentes entre os dois sexos que repousa o fundamento jurídico do princípio da igualdade. A diferença que pesava para as mulheres enquanto marca de inferioridade e razão de discriminação (no que se convencionou chamar de diferença-exclusão) vem exibida, assumida, como sinal de seu valor intrínseco como indivíduo e também como fundamento da reivindicação de direitos (no que se denomina diferença-especificidade), ainda segundo as reflexões de Gianformaggio.[167]

O princípio da igualdade não é acionado sozinho quando a questão diz respeito a homens e mulheres. Os princípios da dignidade da pessoa humana e da tolerância também devem ser chamados ao debate, uma vez que inclui as diferenças pessoais e exclui as diferenças sociais. Reside ela no valor associado de maneira não diferenciada a todas as pessoas, sem distinção de sexo, raça, crença, de modo que seu valor está no fato de que todas as diferentes identidades fazem de cada pessoa um indivíduo diferente dos demais e de cada indivíduo uma pessoa como todas as demais, é a lição do jurista Ferrajoli.[168]

---

[167] Ibidem. p. 273.

[168] FERRAJOLI, Luigi. *Derecho Y Razón: teoria del garantismo penal*. Madrid: Editorial Trota, 1997. p. 851-957.

Voltaire[169] descreve de forma precisa a crueldade da intolerância que muitas vezes permeia as relações entre os indivíduos, assim manifestando-se:

"O direito da intolerância é absurdo e bárbaro; é o direito dos tigres, e bem mais horrível, pois os tigres só atacam para comer, enquanto nós exterminamo-nos por parágrafos."

Também Ferrajoli[170] analisa o princípio da tolerância e sua aplicabilidade nas relações entre os gêneros, lecionando:

"A tolerância exclui a guerra e a sua lógica amigo/inimigo, reconhecendo o outro como valor, não como meio mas como fim, em uma palavra como pessoa não para combater mas para respeitar exatamente pela sua condição de diverso."

A igualdade é, também, um princípio normativo, um juízo de valor que se postula porque se reconhecem as distinções entre os indivíduos. A máxima reside em que todas as pessoas devem ser consideradas iguais porque, precisamente, são diferentes.

Deve-se, também, para a compreensão do princípio em exame, abordar o que sejam a igualdade formal e a igualdade substancial. É em Ferrajoli[171] que se busca o apoio necessário à diferenciação pretendida. Ambas podem ser definidas como igualdade nos direitos fundamentais. As garantias dos direitos de liberdade asseguram a igualdade formal ou política. A garantia dos direitos sociais assegura a igualdade substancial. Os direitos do primeiro tipo são os direitos à diferença; os do segundo, o da compensação das desigualdades.

---

[169] VOLTAIRE. *Tratado sobre a Tolerância*. Tradução de Paulo Neves, São Paulo: Martins Fontes, 1993, p. 38.

[170] FERRAJOLI, Luigi. *Tolleranza e intollerabilità nello stato di diritto*. Madrid: Editorial Trota, 1994, p. 291.

[171] Ibidem. p. 856.

De Campos[172] retira-se a conclusão:

"A prescrição do princípio da igualdade formal prescinde do fato de que hajam diferenças pessoais. A igualdade substancial, ao contrário, consiste em que as pessoas devam ser consideradas iguais tanto quanto possível, justamente porque não se pode prescindir do fato de que são, econômica e socialmente, desiguais. No primeiro caso têm-se as diferenças. No segundo, as desigualdades. As diferenças devem ser reconhecidas para serem respeitadas e garantidas e as desigualdades devem ser reconhecidas para serem removidas ou compensadas."

Baratta[173] é contundente quando afirma que a igualdade não é a negação da diferença, mas sua afirmação.

A Constituição Federal estabelece a igualdade formal (prevista no Título I - Dos Princípios Fundamentais - artigo 3º, inciso IV; no Título II - Direitos e Garantias Fundamentais, artigo, 5º, I, e no Título VIII, Capítulo VII - Da Família, da Criança, do Adolescente e do Idoso, artigo 266, § 5º),[174] e a material (assentada no Título I, artigo 3º; Título VII, artigos 170, inciso VII, e 5º, *caput*,

---

[172] CAMPOS, Carmen Hein de. *Op. cit.* p. 78.

[173] BARATTA, Alessandro. *Palestra proferida no Seminário Internacional "Criminologia e Feminismo"*, promovido por Themis-Assessoria de Estudos do Gênero. Porto Alegre, agosto/95. Texto inédito.

[174] Título I - Dos Princípios Fundamentais.
Art. 3º- "Constituem objetivos fundamentais da República Federativa do Brasil.
IV-Promover o bem de todos, sem preconceitos de origem, raça, sexo, cor, idade e quaisquer outras formas de discriminação".
Título II - Dos Direitos e Garantias Fundamentais.
Art. 5º- "Todos são iguais perante a lei, sem distinção de qualquer natureza.
I - Homem e mulher são iguais em direitos e obrigações, nos termos desta Constituição".
Título VIII - Capítulo VII - Da Família, da Criança, do Adolescente e do Idoso.
Art. 266, § 5º- "Os direitos e deveres referentes à sociedade conjugal são exercidos igualmente pelo homem e pela mulher".

inciso XLI e XLII).[175] Ambas estão, portanto, no mesmo nível hierárquico, devendo ser implantadas e obedecidas. A igualdade formal não exclui a igualdade material, dado que ambas podem ser definidas como igualdade nos direitos fundamentais e não existe, portanto, conflito entre elas. Joaquim Falcão,[176] em Parecer referente ao veto parcial do Governador do Rio Grande do Sul, Antônio Britto, ao Projeto de Lei nº 25/95,[177] analisou a questão e taxativamente assegura:

> "O princípio da igualdade enquanto gênero compreende duas espécies: a igualdade formal e a igualdade material. Para realizá-lo é necessário conciliar ambas as partes.
>
> (...) o princípio constitucional da igualdade formal é um princípio relativo, compatível com determinadas diferenciações exigidas para tornar materialmente iguais cidadãos desiguais."

---

[175] Título I - Dos Princípios Fundamentais.
Art. 3º - "Constituem objetivos fundamentais da República Federativa do Brasil:
III - Erradicar a pobreza e a marginalização e reduzir as desigualdades sociais e regionais".
Título VII - Da Ordem Econômica e Financeira.
Art. 170 - "A ordem econômica, fundada na valorização do trabalho e na livre iniciativa, tem por fim assegurar a todos existência digna, conforme os ditames da justiça social, observados os seguintes princípios:
VII - Redução das desigualdades regionais e sociais.
Art. 5º, *caput* - Todos são iguais perante a lei, sem distinção de qualquer natureza, garantindo-se aos brasileiros e aos estrangeiros residentes no País a inviolabilidade do direito à vida, *à igualdade*, à segurança e à propriedade (...).
XLI - A lei punirá qualquer discriminação atentatória aos direitos e liberdades fundamentais.
XLII - A prática do rascismo constitui crime inafiançável e imprescritível, sujeito à pena de reclusão, nos termos da lei".

[176] FALCÃO, Joaquim. Direito da Mulher: Igualdade Formal e Igualdade Material. In: VERUCCI, Florisa. *Op. cit.* Parecer ao veto parcial do Governador do Rio Grande do Sul ao Projeto de Lei nº 25/95, que instituiu o Sistema Estadual de Habitação de Interesse Social.

[177] O Projeto de Lei nº 25/95 instituiu o Sistema Estadual de Habitação de Interesse Social que, em seu art. 2º, inciso I, concede prioridade às mulheres chefes de família nos programas habitacionais para população de menor renda.

A relatividade da igualdade formal prevista constitucionalmente, ou seja, da igualdade perante a lei, também foi reafirmada pelo Supremo Tribunal Federal em vários pronunciamentos. O formalismo igualitário encontra seus limites e parâmetros na própria Carta Política, visto que os indivíduos não são diferentes apenas sob o aspecto biológico (de sexo), como também em relação à situação socioeconômica, estrutura familiar, a etnia (sob o aspecto material), e não apenas de forma genérica (em direitos).

Verucci[178] sintetiza a discussão afirmando:

"Tratar igualmente os iguais e desigualmente os desiguais na medida em que se desigualam para que possam ser iguais com direito às suas diferenças específicas é o meio natural para se alcançar a igualdade."

Muitas vezes para que se possa aplicar a isonomia constitucional é necessário que certas medidas venham a ser tomadas para que indivíduos socialmente inferiorizados sejam efetivamente favorecidos. Surgem, então, as *ações afirmativas* (ou *discriminações positivas*).

A *affirmative action*, como o próprio nome refere, surgiu pela primeira vez na década de 60, nos Estados Unidos, através de implementação de planos e programas governamentais e privados de ações afirmativas no trabalho, acabando por ser adotada pela Suprema Corte do país. Consistia em agir diretamente no sentido de reduzir as desigualdades sociais impostas a determinados indivíduos[179] pela força de preconceitos culturalmente arraigados, com o que se estaria mais perto da

---

[178] VERUCCI, Florisa. *Op. cit.* p. 59.

[179] As *ações afirmativas* não se destinam unicamente à mulher, e sim a beneficiar *todos os indivíduos socialmente inferiorizados*, e aí tem-se uma gama imensa de desfavorecidos, como por exemplo os negros, os deficientes físicos e as mulheres. Na abordagem que se está a fazer, as *discriminações positivas* restringem-se apenas à mulher.

eficácia da igualdade preconizada e assegurada constitucionalmente na principiologia dos direitos fundamentais.[180]

A *discriminação positiva* foi discutida em 1975, na Conferência Internacional da Mulher, realizada no México, e deu origem à "Convenção para a Eliminação de Todas as Formas de Discriminação Contra a Mulher", adotada em 1979 e homologada pelo Brasil através do Decreto nº 89.460/84.[181]

Na área do trabalho, onde a discriminação surgia como fruto de complexas e diversificadas relações, é que as ações afirmativas faziam-se mais necessárias, lembra Capellin.[182] A dificuldade da mulher ao emprego e à capacitação, a segregação sexual e as diferenças salariais provocaram novas políticas de recursos humanos na

---

[180] ROCHA, Cármen Lúcia Antunes. Ação Afirmativa - O Conteúdo Democrático da Igualdade Jurídica. *Revista de Informação Legislativa*, Brasília, Senado Federal, jul./set, 1996.

[181] De 1984 até os dias de hoje, novas leis foram promulgadas no Brasil com vistas a erradicar a discriminação à mulher obreira. Pode-se citar como exemplo a Lei nº 9.799/99, que inseriu vedações significativas e, assim, protege o trabalho e a dignidade femininos. A Lei nº 9.799/99, no Capítulo III - Da Proteção do Trabalho da Mulher, prescreve no art. 373A e incisos:
"I - publicar ou fazer publicar anúncio de emprego no qual haja referência ao sexo, à idade, à cor ou situação familiar, salvo quando a natureza da atividade a ser exercida, pública e notoriamente, assim o exigir;
II - recusar emprego, promoção ou motivar a dispensa do trabalho em relação de sexo, de cor, situação familiar ou estado de gravidez, salvo quando a natureza da atividade seja notória e publicamente incompatível;
III - considerar o sexo, a idade, a cor ou a situação familiar como variável determinante para fins de remuneração, formação profissional e oportunidades de ascensão profissional;
IV - exigir atestado ou exame de qualquer natureza, para comprovação de esterilidade ou gravidez na admissão ou permanência no emprego;
V - impedir o acesso ou adotar critérios subjetivos para deferimento de inscrição ou aprovação em concursos, em empresas privadas, em razão do sexo, idade, cor, situação familiar ou estado de gravidez;
VI - proceder o empregador ou preposto a revistas íntimas nas empregadas ou funcionárias."

[182] CAPELLIN, Paola. Ações Afirmativas: uma estratégia para corrigir as desigualdades entre homens e mulheres. Em *Em Busca da Igualdade* - Discriminações positivas e ações afirmativas. São Paulo: CFEMEA, ELAS, 1996.

maioria dos países desenvolvidos (França, Canadá, Estados Unidos, entre outros).

Letizia Gianformaggio,[183] ao tratar das ações afirmativas, sustenta que elas destinam-se a realizar a igualdade material. E enfrenta a questão do que denomina "discriminação às avessas" que estas ações poderiam acarretar, afirmando que:

"Se 'discriminar' é distinguir, mas se é também excluir explicitamente alguém da distribuição de benefícios, por que 'discriminar' não seria também preferir alguém explicitamente na distribuição de benefícios?

Certamente que as discriminações positivas (ou *ações afirmativas*, segundo adote-se a terminologia de Gianformaggio ou Capellin) acabam gerando uma igualdade de fato. É sabido que as mulheres enfrentam maiores dificuldades no acesso ao mercado de trabalho. Os empregadores relutam em admiti-las quando em idade fértil, pelo risco (e conseqüentes encargos trabalhistas) que lhes acarretará uma gravidez da obreira. Por isto preferem que a vaga seja ocupada por um homem. Mas, no momento em que a mulher é admitida, a lei encarrega-se de protegê-la da demissão quando grávida, além de contemplá-la com a licença-maternidade remunerada pelo período de quatro meses. Aquilo que constitui uma discriminação inicial acaba por tornar possível a aplicação do princípio da igualdade.

O tratamento isonômico entre os dois sexos é um direito fundamental, oponível *erga omnes*, inalienável e indisponível, e sua própria história surgiu com a implementação do moderno Estado Constitucional, como forma de limitação do poder. Se a democracia é o limite do poder, e o poder, como o conhecemos, é produzido a partir de um discurso acentuadamente masculino, idéia

---
[183] GIANFORMAGGIO, Letizia. *Op. cit.*, p. 275.

básica de Foucault,[184] e reforçada em outras palavras por Ingo Sarlet,[185] verifica-se que o fato de estar embutido na Constituição não implica sua criação ou reconhecimento, pois é a expressão pura de um direito inerente à condição humana.

Na esteira das lições de Perez Luño,[186] os direitos fundamentais antecedem o próprio Estado constitucional, visto que:

"(...) não se deve perder de vista a circunstância de que a positivação dos direitos fundamentais é o produto de uma dialética constante entre o progressivo desenvolvimento das técnicas de seu reconhecimento na esfera do direito positivo e a paulatina afirmação, no terreno ideológico, das idéias da liberdade e da dignidade humana."

A par de prevista constitucionalmente e fazer-se visível através de ações afirmativas (quando necessárias), a igualdade entre os sexos ainda não atingiu o seu ponto de equilíbrio. Preconceitos e costumes condicionados por séculos de visão masculina das comunidades e pelo atavismo patriarcal repercutem na comunidade e impedem a implementação de leis igualitárias. A questão transcende o discurso da modernidade, por fundar-se no próprio seio da sociedade.

De Rodrigo da Cunha Pereira[187] retira-se a assertiva:

"A questão está em que o princípio da igualdade transcende o campo normativo. Os fatos geradores do *apartheid* feminino, hoje menos acentuado em algumas sociedades, estão na essência da própria

---

[184] FOUCAULT, Michel. *A Microfísica...*
[185] SARLET, Ingo W. *A Eficácia dos Direitos Fundamentais*. Porto Alegre: Livraria do Advogado, 1998. p. 36.
[186] PEREZ-LUÑO, Antonio-Enrique. *Derechos humanos, estado de derecho y constitución*. 5.ed. Madrid: Tecnoa, 1998, p. 37.
[187] PEREIRA, Rodrigo da Cunha. *Direito de Família – Uma...*, p. 103.

cultura. Portanto, apesar da proclamação da igualdade pelos organismos internacionais e pelas constituições democráticas do fim deste século, não está dissolvida a desigualdade de direitos dos gêneros. A mulher continua a ser objeto da igualdade enquanto o homem é o sujeito e o paradigma desse pretenso sistema de igualdade."

Os direitos à diferença, materializados na igualdade formal, e os direitos à compensação das desigualdades, na material, devem andar juntos, e é isto o que buscam as mulheres neste final de século, porque são a expressão da igualdade nos direitos fundamentais.

3. A lei penal na história das mulheres

> E no longo capítulo das mulheres, Senhor, tende piedade das mulheres. Tende piedade delas, Senhor, que dentro delas a vida fere mais fundo e mais fecundo. E o sexo está nelas, e o mundo está nelas, e a loucura reside nesse mundo.
>
> Vinícius de Moraes

3.1. Os crimes próprios da mulher

Há um profundo descompasso entre as leis ordinárias e a sociedade brasileira, e isso acontece porque as relações humanas caminham mais rapidamente do que as ideologias cristalizadas nos diplomas legais.

No ordenamento jurídico-penal as diferenças no tratamento de homens e mulheres tornam-se mais gritantes e acentuam-se as discriminações de gênero. Para que se constate a veracidade desta afirmação basta analisar-se a Parte Especial do Diploma Penal Brasileiro.

Que os dois sexos são diferentes biologicamente ninguém duvida e nem é objeto de questionamento. O corpo da mulher é sobrecarregado com tudo o que o especifica, segundo magistral definição de Beauvoir.[188]

---
[188] BEAUVOIR, Simone. Op. cit., p. 10.

Seus hormônios, poderosíssimos, atuam em sua vida e fazem o seu destino.

Mas o objetivo que se busca nessa obra não é o questionamento único da biologia feminina, e sim a forma como o Estatuto Repressivo, com seu discurso legítimo, legalizado e coercitivo coloca a questão da igualdade de gênero assegurada pela Constituição Federal de 1988 e, por conseqüência, com que olhos vê a mulher no âmbito penal.

Diz Baratta[189] que a posição desigual da mulher no direito penal, quer na condição de autora ou de vítima de delito, passou a ser, no início dos anos setenta, objeto crescente de atenção por parte da criminologia que, conseqüentemente, produziu vasto material literário. A questão feminina tornou-se um componente privilegiado da questão criminal e temas como a falta de proteção das mulheres dentro do sistema da justiça penal frente à violência masculina, a baixa taxa de incriminação feminina, bem como as suas formas específicas de criminalidade (aborto e infanticídio) conseguiram sair da marginalidade acadêmica.

"Falar de Direito Penal é falar, de alguma forma, de violência". Assim Bitencourt[190] inicia sua obra mais recente. O delito, ensina o jurista citando Durkhein,[191] não é apenas um fenômeno social normal, como também cumpre o papel de manter aberto o canal de transformações que a sociedade precisa.

Mas a violência que impregna as relações humanas surgiu em algum momento e por alguma razão na história da humanidade, por isto algumas considerações merecem ser feitas a título preliminar e a primeira delas

---

[189] BARATTA, Alessandro. *Op. cit.*, p. 19.
[190] BITENCOURT, Cezar Roberto. *Manual de Direito Penal*. 5. ed. São Paulo: Revista dos Tribunais, 1999, p. 32.
[191] DURKHEIN, E. (*apud* BITENCOURT, Cezar Roberto. *Op. cit.*, p. 83).

diz com a própria justificativa para a existência do Direito Penal.

É no Velho Testamento, mais uma vez fazendo-se uso da narrativa mítica, que se encontra o relato do primeiro crime da história da humanidade contado pelos hebreus - o homicídio cometido por Caim contra Abel. E podem-se considerar os Dez Mandamentos que Deus transmitiu a Moisés como fonte de direito, base de sustentação dos preceitos jurídicos-penais conhecidos como "direito penal mosaico".[192]

As disposições com relevância penal encontradas no Antigo Testamento, segundo Zaffaroni e Pierangeli,[193] são inúmeras e de fundamental importância, pois:

"Em torno dos primeiros mandamentos elaboraram-se os delitos contra a religião, que compreendem a idolatria e a blasfêmia, a feitiçaria, a falsa profecia, a conjunção carnal com mulher durante o período menstrual, etc. No que tange aos mandamentos de guardar o sábado e de honrar os pais, eram punidos com morte. O talião[194] se fazia presente uma vez mais no homicídio, como violação do quinto mandamento. Não obstante, a Bíblia distingue claramente os casos de dolo, culpa, provocação e caso fortuito (Êxodo, 21). Em torno dos mandamentos sexto e nono foram edificados os delitos

---

[192] "Mosaico" porque originado na lei de Moisés. FERREIRA, Aurélio Buarque de Hollanda. Op. cit.

[193] ZAFFARONI, Eugenio Raúl, PIERANGELI, José Henrique. Manual de Direito Penal Brasileiro - Parte Geral. 2.ed. São Paulo: Revista dos Tribunais, 1999, p. 184.

[194] Talião (lei de). Primeira conquista no terreno repressivo e que surgiu no período da evolução histórica das idéias penais denominado de "Vingança Privada". Por ele delimitava-se o castigo, não podendo a vingança ser arbitrária e desproporcionada. Várias legislações adotaram o talião, como a hebraica (Êxodo 21, 23, 24 e 25), o Levítico (17 a 21), o Código de Hamurabi (Babilônia, século XXIII a.C.), o Pentateuco, o Código de Manu (Índia), etc. Referências retiradas de NORONHA, Edgard Magalhães. Direito Penal. 31.ed. São Paulo: Saraiva, 1995, p. 20-21.

contra os costumes, condenando-se a sedução e o estupro e fazendo várias distinções, segundo a vítima fosse virgem, não desposada, desposada ou prometida. O adultério era punido com morte, assim como o incesto. O furto era punido fundamentalmente com a restituição, que às vezes era multiplicada. Aquele que se introduzia na propriedade alheia podia ser legitimamente repelido e morto. A partir do oitavo mandamento foram erigidos os delitos de falso testemunho e perjúrio, que se puniam a talião, fazendo o autor sofrer a pena que sofrera a vítima."

Se o crime sempre acompanhou o ser humano, dele não se afastando em momento algum da história, qualquer que seja a ótica com que seja ela abordada, o mesmo não se pode dizer a respeito do Direito Penal. Relata Wessels[195] que dados históricos revelam ter este surgido no período superior da barbárie. Com a existência do crime fazia-se necessário um direito repressivo capaz de punir as ações humanas que atentassem contra a paz social. Por isto nos diversos estágios de evolução da humanidade quase sempre se encontrarão codificações ou códigos de prescrições e proscrições em matéria penal.

Para Wessels,[196] o Direito Penal surgiu com a primeira grande divisão social do trabalho, da conseqüente divisão da sociedade em classes e da implementação do Estado. As sociedades primitivas baseavam-se na apropriação comum dos meios de produção e na solidariedade de seus membros, o que fazia com que não aparecessem situações conflitantes que redundassem em disputas acirradas, pois as normas de sobrevivência raramente eram infringidas e, quando o eram, o mero

---

[195] WESSELS, Johannes. *Direito Penal*. Porto Alegre: Sérgio Antônio Fabris, 1986, p. 2.
[196] Idem.

desprezo ou desdém dos demais membros do grupo bastava como punição ao infrator.

Com o surgimento do Estado, fazia-se imperiosa a edição de leis que reprimissem as confrontações entre os indivíduos na disputa pelos bens da vida.

Esses bens vitais, nas palavras de Fernando de Almeida Pedroso,[197] que em virtude de seu especial significado para a sociedade requerem a proteção do Estado, passam a chamar-se *bens jurídicos*.

Em Wessels,[198] busca-se a distinção entre *bens jurídicos individuais* que são, por exemplo, o direito à vida, à integridade física, à liberdade pessoal, à honra, e a *bens jurídicos universais*, estes abrangendo a administração da justiça, a incorruptibilidade dos funcionários, a fidelidade dos documentos na relação jurídica, etc.

O Direito, na criação da lei penal, não define os crimes aleatoriamente, e sim tem como norte, em cada preceito incriminador, estabelecer um bem jurídico que se almeja preservar e tutelar, e o faz, segundo Wessels,[199] porque:

"As disposições penais, como *ultima ratio*, só se justificam onde meios menos incisivos (como os do Direito Civil) não bastem ao interesse de uma eficiente proteção aos bens jurídicos. Assim, especialmente no campo sexual, comportamentos imorais ou contrários à ética social não podem ser ameaçados com pena criminal apenas por serem imorais (por exemplo, práticas sexuais com animais) devendo o legislador, mais do que isso, investigar cuidadosamente se, e até onde, a decretação de disposições penais é necessária, em virtude do efeito socialmente danoso à conduta."

---

[197] PEDROSO, Fernando de Almeida. *Homicídio, Participação em Suicídio e Aborto*. Rio de Janeiro: Aide Editora e Comércio de Livros Ltda., 1995, p. 17.

[198] WESSELS, Johannes. *Op. cit.*, p. 2.

[199] Ibidem., p. 4.

Constata-se, então, que o legislador retira dentre as manifestações de contrariedade ao Direito aquelas mais graves, sob o ponto de vista social, para com elas formar o repertório dos fatos que a Parte Especial reduz a tipos sancionados.

Chega-se aos *tipos penais*, e é em Aníbal Bruno[200] que se encontram os ensinamentos imprescindíveis à perfeita compreensão do que sejam e para que servem em matéria penal:

"O tipo condensa nos limites de uma forma a complexidade do fato objetivamente praticado e apresenta o comportamento criminoso na sua estrutura fundamental, na ação que constitui a ofensa ou ameaça ao bem jurídico, com o seu sujeito e o seu objeto e naquelas circunstâncias julgadas necessárias à caracterização do crime. O tipo é essencialmente descrição de um crime."

Mas os tipos penais não são somente *incriminadores*, ou seja, aqueles em que se descrevem as condutas puníveis e impõem-se as respectivas sanções. Existem também os *tipos penais permissivos* e os *tipos penais explicativos*. Os primeiros são determinações de licitude ou impunidade de certas condutas, embora estas sejam típicas em face das normas incriminadoras (o artigo 23 é exemplo de permissão para a conduta humana que seria contrária ao direito se não estivesse o sujeito em legítima defesa, estado de necessidade, estrito cumprimento do dever legal e exercício regular de direito). Os segundos comportam o esclarecimento do conteúdo de outras normas ou delimitam o âmbito de sua aplicação (o artigo 25 é exemplo de tipo explicativo, pois diz o que se compreende por legítima defesa).

Devidamente analisados o surgimento do Direito Repressivo, a sua incidência na proteção dos bens jurí-

---

[200] BRUNO, Aníbal. *Direito Penal*. Tomo 4. Rio de Janeiro: Forense, 1966. p. 37

dicos e o tipo penal, deve-se passar à definição de Direito Penal.

Em Fragoso[201] encontra-se:

"Direito penal é o conjunto de normas jurídicas mediante as quais o Estado proíbe determinadas ações ou omissões, sob ameaça de característica sanção penal. Fazem parte deste ramo do direito também as normas que estabelecem os princípios gerais e as condições ou pressupostos de aplicação da pena e das medidas de segurança, que igualmente podem ser impostas aos autores de um fato previsto como crime."

Noronha,[202] ao tratar da definição de Direito Penal, assegura que:

"Numerosas são as definições do direito penal, freqüentemente imperfeitas. Von Liszt define-o como 'conjunto de prescrições emanadas do Estado, que ligam o crime, como fato, a pena como conseqüência'. Não se afasta muito desta definição a de Mezger: 'Direito Penal é o conjunto de normas jurídicas que regulam o poder punitivo do Estado, ligando ao delito, como pressuposto, a pena como conseqüência'. Bem mais ampla é a de Asúa: 'Conjunto de normas y disposiciones jurídicas que regulan el ejercício del poder sancionador y preventivo del Estado, estableciendo el concepto del delito como presupuesto de la acción estatal, así como la responsabilidad del sujeto activo, y asociando a la infracción de norma una pena finalista o una medida aseguradora'."

---

[201] FRAGOSO, Heleno Cláudio. *Lições de Direito Penal*. Rio de Janeiro: Forense, 1990, p. 5.

[202] NORONHA, Edgard Magalhães. *Op. cit.*, p. 4.

As definições de Direito Penal sucedem-se, assevera Bitencourt,[203] mantendo, de um modo geral, a mesma essência. Mas qualquer que seja o conceito adotado, depara-se sempre com a palavra *crime* ou *delito* e, portanto, para uma melhor compreensão da ciência[204] que se propõe analisar, deve-se ater ao significado que possuem na lei brasileira.[205]

O Código Penal não define o que seja crime, por isso recorre-se a Prado e Bitencourt:[206]

> "O delito vem a ser uma construção fundamentalmente jurídico-penal, em que pese ser objeto de exame de outras ciências (ex., criminologia, sociologia, medicina, etc.). No plano conceitual, reveste-se de três aspectos principais: a) formal ou nominal - dá relevo à contradição entre o fato concreto e o

---

[203] BITENCOURT, Cezar Roberto. *Manual de ...*, p. 33.

[204] *Ciência do Direito*: igual a Dogmática Jurídica, porque se trata de ciência das normas ou preceitos estabelecidos pelo legislador e que constituem o dado primário fundamental. O estudo do jurista, na elaboração da ciência do direito, há de assentar na lei, ponto de partida indispensável, do qual não é possível fazer abstração. Trata-se de ciência do *dever ser*, cujo objeto é constituído por normas que estabelecem uma conseqüência jurídica em face de sua transgressão. FRAGOSO, Heleno Cláudio. *Op. cit.*, p. 36-37.

[205] Faz-se referência expressa à lei brasileira porque em WESSELS, Johannes. *Op. cit.* p. 7, encontra-se a distinção entre *crime* (fatos antijurídicos a que se comina no mínimo uma pena privativa de liberdade de um ano ou mais) e *delito* (fatos antijurídicos a que se comina no mínimo uma pena privativa de liberdade mais leve ou uma pena pecuniária). Tal distinção não é seguida pela doutrina brasileira, que considera crime e delito palavras sinônimas, diferenciando-os, entretanto, de *contravenção*, que pode vir como sinônimo de *infração*, mas jamais de *crime ou delito*. Para DELMANTO, Celso. *Código Penal Comentado*. Rio de Janeiro: Renovar, 1991. p. 18, "no Brasil só há dois tipos de infrações penais: 1º - os crimes (também chamados delitos); 2º - as contravenções. Na verdade, inexiste um dado exato que sirva de divisor entre crime e contravenção. Nem mesmo a diferença entre as penas (LCP, art. 1º) é critério suficiente, pois crimes há que podem ser punidos somente com pena de multa. A única distinção entre crime e contravenção reside na maior ou menor gravidade com que a lei vê tais condutas, denominando contravenções às mais leves e crimes às mais graves (...) por isso estão certos os italianos quando chamam as contravenções de delitos anões (*delitti nani*)".

[206] PRADO, Regis Luiz e BITENCOURT, Cezar Roberto. *Código Penal Anotado*. São Paulo: Revista dos Tribunais, 1997, p. 176-177.

preceito legal, sendo expressão do direito positivo vigorante: delito é a infração da lei penal; b) material ou substancial - refere-se ao conteúdo do ilícito penal - sua danosidade ou lesividade social - e está adstrito aos valores constitucionais. Constitui a lesão ou o perigo de lesão ao bem jurídico protegido; e c) analítico ou dogmático - o delito é decomposto em partes estruturadas axiológicamente em uma relação lógico-abstrata: é a ação ou omissão típica, ilícita e culpável. A ação ou omissão típica é ilícita se não está amparada por uma causa de justificação. E a ação ou omissão típica e ilícita é culpável quando reprovável o autor."

Analisa-se, do conceito de crime acima descrito, apenas o seu aspecto analítico ou dogmático,[207] porque será apoiado nele que se passará ao exame dos crimes em espécie definidos como objeto dessa dissertação.

Crime é, então, um fato humano que lesa ou expõe a perigo bens jurídicos protegidos, ressalta Toledo,[208] e este fato humano deve ser típico (definido em lei em momento anterior à sua prática), ilícito (contrário ao ordenamento jurídico, isto é, a ação humana deve estar em contradição com a norma jurídica) e culpável (a ação humana deve ser tida como censurável, num desvalor da ação praticada).

A punibilidade, enquanto aplicação da sanção penal, não faz parte do conceito de crime, e sim é dele conseqüência.

---

[207] Os demais conceitos de crime, como o formal (toda a ação ou omissão proibida por lei, sob a ameaça de uma pena) e o material (crime é a ação ou omissão que contraria os valores ou interesses do corpo social, exigindo sua proibição com a ameaça de pena), retirados de BITENCOURT, Cezar Roberto. *Manual de...*, p. 177, por não serem suficientes à análise dos elementos estruturais do delito, não serão abordados no âmbito deste trabalho.

[208] TOLEDO, Francisco de Assis. *Princípios Básicos de Direito Penal*. 4.ed. São Paulo: Saraiva, 1991, p. 80.

Mas o crime é fruto de uma conduta humana ativa ou omissiva voluntárias. Por ação entende-se, com apoio em Damásio de Jesus,[209] aquela conduta que se manifesta por intermédio de um movimento corpóreo tendente a uma finalidade. A maioria dos núcleos dos tipos indica modos positivos de agir (matar, provocar, ofender), por isto diz-se que foram praticados mediante *comissão*. Quando o verbo nuclear do tipo indicar um modo ativo de agir, e o crime, não obstante, puder ser praticado mediante uma omissão, diz-se ser ele *comissivo por omissão* (mãe que mata o filho mediante privação de alimentos).

A omissão,[210] por sua vez, não é um simples não fazer, mas *não fazer alguma coisa*, ainda na esteira de Damásio.[211] O fundamento de todo crime omissivo constitui uma ação esperada, pois a omissão, por si mesma, não tem relevância jurídica. O que lhe concede importância no aspecto penal é o fato de a norma impor um determinado comportamento que não foi realizado pelo sujeito, que deixou de observar o dever jurídico de agir. A previsão legal para a omissão juridicamente relevante encontra-se no artigo 13, § 2º, do Código Penal.[212]

Resta abordar-se o que sejam os *sujeitos ativo* e *passivo* de uma ação típica, ilícita e culpável. Por sujeito ativo compreende-se aquele ser humano que pratica o

---

[209] JESUS, Damásio Evangelista de. *Direito Penal*. v.1. 20.ed. São Paulo: Saraiva, 1997. p. 235.

[210] "A omissão é o pecado que se faz não fazendo. Por uma omissão perde-se um aviso, por um aviso perde-se uma ocasião, por uma ocasião perde-se um negócio, por um negócio perde-se um reino." Pe. VIEIRA, Antônio. Os Sermões. (*apud* Bitencourt, Cezar Roberto. *Manual de...*, p. 225.).

[211] JESUS, Damásio Evangelista de. *Op. cit.*, p. 236. v.1.

[212] Art. 13, § 2º. "A omissão é penalmente relevante quando o omitente podia e devia agir para evitar o resultado. O dever de agir incumbe a quem:
a) tenha por lei obrigação de cuidado, proteção ou vigilância;
b) de outra forma assumiu a responsabilidade de impedir o resultado;
c) com seu comportamento anterior, criou o risco da ocorrência do resultado".

fato descrito na norma penal incriminadora. A grande maioria dos crimes pode ser praticada por qualquer pessoa, constituindo o que se denomina de *crimes comuns*, a exigirem um *sujeito ativo comum* (homicídio, lesões corporais). Todavia existem tipos penais incriminadores que exigem do sujeito ativo uma determinada qualidade ou condição pessoal, que pode ser *jurídica* (acionista), *profissional ou social* (comerciante, funcionário público), *natural* (gestante, mãe), *parentesco* (descendente), etc. Nestes, exige-se um *sujeito ativo qualificado*, leciona Bitencourt.[213] Surge, então, o chamado *crime próprio*, que só pode ser cometido por uma determinada categoria de pessoas que detém esta capacidade especial referida.

Compreendido o significado de *crime próprio*, a exigir um *sujeito ativo qualificado*, deve-se, por questão de lógica e uma vez que será de fundamental importância para a análise dos crimes que se tratará mais adiante, abordar-se o que é *crime de mão própria*. Nestes, também chamados de *crimes de atuação pessoal*, temos que a conduta humana tipificada somente pode ser praticada pelo sujeito em pessoa. Explicitando, com apoio em Damásio:[214] os crimes de mão própria estão descritos em figuras típicas (como o falso testemunho e a prevaricação) e formulados de tal maneira que o autor só pode ser quem esteja em situação de realizar imediata e corporalmente a conduta punível (a testemunha notificada não pode pedir a terceiro que deponha falsamente em seu lugar - no falso testemunho, e o funcionário público não pode pedir a terceiro que deixe de realizar ato de ofício em seu lugar, a fim de atender sentimento pessoal - na prevaricação).

Da mesma forma, no auto-aborto, a gestante deve praticar sozinha, em si mesma, as manobras atentatórias

---

[213] BITENCOURT, Cezar Roberto. *Lições de Direito Penal*. 3.ed. Porto Alegre: Livraria do Advogado, 1995, p. 69.

[214] JESUS, Damásio Evangelista de. *Op. cit.*, p. 186.

contra a vida do feto. Não pode pedir a terceiro que o faça por ela, pois aí o próprio tipo penal incriminador é perdido e deve-se buscar em outro artigo de lei (no caso, no 126, 2ª figura) o enquadramento para a sua conduta. Não subsiste, então, o crime de auto-aborto (que é de mão própria), e sim surge o delito de aborto com o consentimento da gestante (que é crime comum para o terceiro provocador e crime próprio para a gestante que consente no abortamento).

Como sujeito passivo do crime, vê-se o titular do interesse cuja ofensa constitui a própria essência do mesmo. Para que se possa encontrar o sujeito passivo de um delito é necessário indagar-se qual o interesse tutelado pela norma penal incriminadora. No crime de homicídio, por exemplo, o bem protegido é a vida, e o ser humano, o seu titular. Desta forma, conforme Damásio,[215] o ser humano é o seu sujeito passivo.

Após essa abordagem genérica, mas de fundamental importância para a compreensão do tema proposto, pode-se passar ao enfoque do primeiro aspecto de incidência desta dissertação - os delitos de aborto e infanticídio, crimes próprios da mulher, e nunca é demais lembrar as lições de Hungria,[216] para quem:

> "Ciência penal não é só a interpretação hierártica da lei, mas, antes e acima de tudo, a revelação de seu 'espírito' e a compreensão de seu 'escopo', para ajustá-la a fatos humanos, almas humanas, a episódios do espetáculo dramático da vida. O crime não é apenas uma abstrata noção jurídica, mas um fato sensível, e o criminoso não é um impessoal 'modelo de fábrica', mas um trecho flagrante da humanidade."

---

[215] Ibidem, p. 169.

[216] HUNGRIA, Nelson. *Comentários ao Código Penal.* 5.ed. Rio de Janeiro: Forense, 1978. p. 456-457. v.1. Tomo II.

3.1.1. O delito de aborto

Antes de entrar-se no tema propriamente dito, deve-se passar um relancear de olhos sobre a sexualidade humana, base e fundamento da abordagem que se está a desenvolver neste trabalho. O exercício da sexualidade apresenta aspectos bastante diferenciados ao homem e à mulher, apesar de ser inegável, atualmente, a admissão de que o impulso sexual manifesta-se igualmente em ambos.

Coube à Judith Walkowitz[217] escrever sobre a sexualidade feminina na coleção que retraça a história das mulheres, e o fez tão bem e com tamanha sensibilidade que se torna inevitável ver-se que:

"A sexualidade não é uma 'realidade biológica imutável ou uma força natural universal', mas antes o resultado de um processo político, social, econômico e cultural. Ou seja, a sexualidade tem uma história."

E é justamente esta história que Foucault[218] escreveu, dizendo entre outras coisas que:

"(...) no início do século XVII ainda vigorava uma certa franqueza. As práticas não guardavam o segredo; as palavras eram ditas sem reticência excessiva e, as coisas, sem demasiado disfarce; tinha-se com o ilícito uma tolerante familiaridade. Um rápido crepúsculo se teria seguido à luz meridiana, até as noites monótonas da burguesia vitoriana. A sexualidade é, então, cuidadosamente encerrada. Muda-se para dentro de casa. A família conjugal a confisca. E absorve-a, inteiramente, na seriedade da

---

[217] WALKOWITZ, Judith R. *Sexualidades Perigosas*. In: DUBY, Georges, PERROT, Michelle. *Op. cit*. p. 403.

[218] FOUCAULT, Michel. *História da Sexualidade*-A Vontade de Saber. Tradução de Maria Thereza da Costa Albuquerque e J.A Guilhon Albuquerque. Rio de Janeiro: Graal, 1997, p. 9-10.

função de reproduzir. Em torno de sexo, se cala. O casal legítimo e procriador, dita a lei. Impõem-se como modelo, faz reinar a norma, detém a vontade, guarda o direito de falar, reservando-se o princípio do segredo. No espaço social, como no coração de cada moradia, um único lugar de sexualidade reconhecida, mas utilitário e fecundo: o quarto dos pais. Ao que sobra só resta encobrir-se; o decoro das atitudes esconde os corpos, a decência das palavras limpa os discursos."[219]

Na vida das mulheres, como em tudo que lhes diz respeito, a sexualidade também trilhou caminhos tortuosos. Fêmea[220] alguma teve sua libido "domesticada", reprimida, subjugada, ocultada, como a fêmea humana.

É na mulher, principalmente na "respeitável", que a sexualidade foi colocada em posição secundária, em segunda mão, subserviente do prazer masculino, sem autonomia própria. Uma pálida imitação do desejo erótico masculino.

O século XIX foi, nas palavras de Walkowitz,[221] um momento histórico, uma vez que as mulheres da classe média conseguiram aceder ao espaço público para falar de assuntos sexuais. Mas nestas discussões, as possíveis "transgressões" aos valores apoiados em conceitos cul-

---

[219] Em sua obra *História da Sexualidade*, composta em dois volumes, FOUCAULT empreende uma análise da sexualidade humana sob o ponto de vista do poder. O pensamento do filósofo é no sentido de que tudo, em sociedade, resulta de luta pelo poder, e disso não foge a repressão à sexualidade das mulheres. Refere-se ao século XII como mais liberal em termos sexuais, mas isso não quer dizer que a questão fosse vista como natural ou que houvesse plena liberdade de costumes, e sim que a libido humana manifestava-se sem tantos tabus e repressões. Vivia-se a sexualidade com mais liberdade. Afirma, também, que durante os séculos ou se falou muito da sexualidade ou nada se falou. A sexualidade é, ainda, um ponto nevrálgico na sociedade.

[220] Usa-se a palavra *fêmea* com o significado de *qualquer animal do sexo feminino*. FERREIRA, Aurélio Buarque de Hollanda. *Op. cit.*

[221] WALKOWITZ, Judith R. *Op. cit.*, p. 405.

turais existentes ainda eram reprimidas, e as palavras proferidas vinham revestidas das "verdades" admitidas socialmente.

A sexualidade humana, para Foucault,[222] aparece desde sempre como um ponto de passagem particularmente denso pelas relações de poder entre homens e mulheres, entre jovens e velhos, entre pais e filhos, entre educadores e alunos, entre administração e população.

Nestas relações de poder, a sexualidade não é o elemento mais rígido, mas um dos dotados de maior instrumentalidade, já que utilizável no maior número de manobras e podendo servir de ponto de apoio, de articulação, às mais variadas estratégias.

Devendo-se à sociedade patriarcal os grilhões à sexualidade feminina, pode-se concordar com Luiza Nagib Eluf,[223] que faz a seguinte afirmação:

"A mulher, incapaz de decidir sobre sua própria vida, não tinha nenhuma autonomia social ou jurídica, a cidadania não lhe dizia respeito: precisava da tutela masculina tanto na esfera pública quanto na privada. Seu sustento era provido pelo pai ou marido, já que as carreiras profissionais lhe eram quase que completamente vedadas, e sua sexualidade só era admitida em função do casamento, para satisfação o homem e constituição da família."

Analisando-se a história da humanidade sob o ponto de vista da sexualidade, talvez não seja temerário afirmar-se que quanto maior for a dependência econômica da mulher, tanto para garantir seu próprio sustento quanto o sustento dos filhos, maior será sua repressão sexual. Nas sociedades primitivas e naquelas em que a geração era transmitida pela linhagem materna (por não

---

[222] FOUCAULT, Michel. *História* ...

[223] ELUF, Luiza Nagib. Prática do Aborto. *Revista dos Tribunais*, n. 691, p. 285, maio 1993.

se saber quem era o pai da criança ou porque esta, com a separação do casal, seria de responsabilidade exclusiva da mãe), as práticas sexuais eram mais livres e, conseqüentemente, a mulher vivia a sua sexualidade como bem quisesse e com quem quisesse, pois era de senso comum que a gravidez seria um ônus precipuamente feminino. Com o estabelecimento da sociedade patriarcal, o jugo do homem não se deu apenas na administração dos negócios da família (da qual era, agora, o senhor), mas também sobre a mente e o corpo da mulher, que lhe pertencia única e exclusivamente, como pertenciam-lhe as terras, os animais, os filhos e os escravos. O Catolicismo, que surgiu associado ao patriarcado, reforçou esta "lógica" inquestionável. A libido feminina, fonte de todo o mal, precisava ser controlada e vigiada. Sociedade masculina e religião, através de seu discurso de poder, aliaram-se na opressão do sexo feminino.

E é na sexualidade da mulher, em suas manifestações, que surgem as quatro grandes práticas femininas - a prostituição, o aborto, o travestismo e as amizades românticas,[224] conforme Walkowitz.[225] Pode-se acrescentar, sem prejuízo das demais, uma quinta - o infanticídio.

Essas práticas, que sempre existiram e tentar argumentar em sentido contrário seria uma hipocrisia inadmissível, adquiriram notoriedade como transgressões sexuais que envolvem a vontade e a escolha por parte da mulher quando assumiram o peso e o significado de um problema social e de identidade.

O travestismo e as amizades românticas, por não encontrarem recepção na lei penal brasileira, não serão

---

[224] Por *amizades românticas* depreende-se, pela leitura de WALKOWITZ, Judith. *Op. cit.*, as ligações amorosas envolvendo duas mulheres, especialmente amigas.

[225] Ibidem, p. 404.

abordados. Em contrapartida, o aborto, como prática especificamente feminina e por ter acrescentado uma dimensão adicional à autoconsciência da sexualidade, fazendo das mulheres agentes particularmente ativos no drama sexual, merece uma análise mais demorada e profunda.

A vida da mulher era vivida quase que exclusivamente no privado, no âmbito da casa e empenhada em afazeres considerados "femininos": organização do lar, cuidados com os filhos, apartamento do público. Neste contexto, a maternidade constituía mais do que simplesmente uma função biológica - era a única colaboração social que lhe era possível, no ponto de vista de Eluf.[226]

Mas nem todas as mulheres estavam "protegidas" no recesso do lar e num casamento assegurador de sua mantença e aprisionamento. Nem todas manifestavam sua sexualidade apenas no instituto sacralizado do matrimônio. Nem todas, apesar de pertencentes a um único homem, apenas com ele realizavam o ato sexual. Por vontade, obrigadas pela força ou pelo vínculo, não importam as razões para o ato sexual, neste momento, e sim o resultado dele: a gravidez da mulher.

A gravidez faz parte da vida da mulher. É, por óbvio, resultante de um ato bilateral, mas por sua peculiar especificação sexual, somente ela poderá gestar e dar à luz. Por isto é nela, e dentro dela, que se manifestará a alegria ou o sofrimento da reprodução.

Para ver-se a criminalização do abortamento na legislação brasileira, nada melhor do que se fazer uma pequena digressão histórica. A Bíblia[227] a ele já se referia no Êxodo, cap. 21, versículos 22 e 23:

"Se alguns homens renhirem e um deles ferir uma mulher grávida e for causa de que aborte, mas fi-

---

[226] ELUF, Luiza Nagib. *Prática...* p. 285.

[227] Nas citações bíblicas usou-se a tradução da Vulgata pelo Pe. Matos Soares. São Paulo: Paulinas, 1988.

cando ela com vida, será obrigado a ressarcir o dano segundo o que pedir o marido da mulher e os árbitros julgarem. Mas, se se seguiu a morte dela, dará vida por vida."

Em Roma, durante largo tempo, ensina Darci Arruda Miranda,[228] manteve-se a impunidade para o aborto. Predominava, então, a idéia de que o feto era parte do ventre da mãe que, assim, dispunha de seu próprio corpo ao eliminá-lo, uma vez que era pedaço de suas vísceras - *mullieris pars vel viscerum*. A repressão começou com a punição da preparação de venefícios empregados na elaboração de filtros amorosos e abortivos. A Lei Cornelia punia o fato com o trabalho nas minas, com o confisco e com a deportação e, se a mulher viesse a morrer, com a pena capital.

Na Grécia, a prática do abortamento era comum em todas as classes sociais, somente passando a ser reprimida com a difusão do Cristianismo, que pregava a existência de uma alma imortal e intocável por ser a expressão da presença de Deus naquele corpo humano ainda por nascer. Santo Agostinho, fundamentado em Aristóteles, pregava que nas gravidezes de quarenta ou oitenta dias a alma "tomava" o corpo do feto (40 dias se fosse varão e 80 dias se fosse mulher) e qualquer ataque a ele, após este período, consistiria em delito punível.[229]

Somente quando o feto fosse animado, ou seja, munido de alma, é que a gestante seria penalizada como homicida, por ter provocado em si mesma o abortamento; se o feto ainda não fosse dotado de alma, inanimado, pois, não teria havido crime. É o que relata Hungria.[230]

---

[228] MIRANDA, Darci Arruda. O Crime de Aborto. In: *Estudos de Direito e de Processo Penal em Homenagem a Nelson Hungria*. Rio de Janeiro/São Paulo: Forense, 1962, p. 208-209.
[229] HUNGRIA, Nelson. *Op. cit.*
[230] Ibidem, p. 271-272.

Ao ler-se a história do aborto como crime e a distinção entre feto animado e inanimado, constata-se que, para os religiosos e filósofos dos tempos antigos, o feto masculino "recebia" a sua alma antes do feto feminino. A menor importância atribuída à mulher fazia-a esperar, ainda no útero de sua mãe, um tempo maior do que o tempo cabível ao homem para tornar-se semelhante ao Criador e ser protegida da morte provocada dentro do claustro materno.

Modernamente não se fala em feto animado e inanimado e para a Igreja Católica o produto da concepção é dotado de alma desde o momento da fecundação. O abortamento é negado aos católicos inclusive nos casos em que a gestação acarreta graves riscos à vida da mulher.

Pio XII, na Encíclica *Humanae Vitae* nº 14, assim proclamava:

"Todo ser humano, até mesmo a criança no seio de sua mãe, recebe o direito à vida diretamente de Deus, não dos pais ou de alguma sociedade ou autoridade humana. Portanto, não há nenhum homem, nenhuma autoridade humana, nenhuma ciência, nenhuma indicação médica, eugênica, social, econômica, moral, que possa exibir ou conferir um título jurídico válido para dispor direta e deliberadamente de uma vida humana inocente, isto é, para dispor dela em mira de sua destruição encarada como fim quer como meio para obter um fim que talvez em si mesmo não seja ilegítimo."

O Código Penal brasileiro não define o aborto. Miranda,[231] citando Cuello Calón,[232] conceitua-o como: "A morte do fruto da concepção em qualquer dos mo-

---

[231] MIRANDA, Darci Arruda. *Op. cit.*, 1962, p. 220-221.

[232] CALÓN, Eugenio Cuello (*apud* MIRANDA, Darci Arruda. *Op. cit.*)

mentos anteriores ao término da gestação, com ou sem a expulsão do ventre materno." A conceituação do crime de aborto é questão não pacificada entre juristas e médicos. As divergências, aliás, começam pelo próprio nome, opinando muitos[233] que o termo *abortamento* constitui o próprio ato de abortar, enquanto que *aborto* designa o produto da concepção prematuramente morto, o resultado da ação de abortar.

É ainda de Miranda[234] que se retira a seguinte ponderação:

"No entanto, bem analisados os fatos, verifica-se que a palavra abortamento é mais adequada ao 'ato de abortar', porém, como o 'crime de aborto' pode ocorrer sem o abortamento, isto é, sem a expulsão do ovo ou do feto do útero materno, parece mais lógico ficarmos com a expressão tradicional e adotada em todas as legislações antigas e modernas. O crime consiste na ocisão do fruto da concepção quando ainda no ventre materno, intencionalmente provocada. O abortamento é mera conseqüência, é o ato de dar à luz o produto frustrâneo da concepção. Provocar o aborto, em termos jurídicos, corresponde à ação dolosa do agente visando a interrupção da vida intra-uterina."

Conflitos terminológicos à parte, pode-se dizer, parodiando Paulo José da Costa Júnior,[235] que aborto é

---

[233] Entre os que adotam o termo *abortamento:* Barreto Campelo, Oscar Freire e Flamínio Fávero. Conforme MIRANDA, Darci Arruda. *Op. cit.,* p. 205. *Aborto* é a expressão utilizada por Almeida Júnior, Paulo José da Costa Júnior e Damásio Evangelista de Jesus que, embora admitindo ser a palavra *abortamento* de maior precisão científica, seguem a terminologia adotada pelo Código Penal.

[234] MIRANDA, Darci Arruda. *Op. cit.* p. 207-208.

[235] COSTA JÚNIOR, Paulo José da. *Comentários ao Código Penal.* 2.ed. São Paulo: Saraiva, 1989, p. 32.

"a interrupção voluntária da gravidez com a morte do produto da concepção."

O legislador brasileiro colocou o delito de aborto entre os "Crimes Contra a Pessoa", no capítulo "Dos crimes contra a vida".[236] Portanto, sujeito passivo do crime é o feto. Mas o feto não é ainda uma pessoa, e sim uma *spes personae*. Ressalte-se que o Código Civil como tal considera o nascituro: uma expectativa de ente humano, uma vez que a personalidade civil do homem começa com o nascimento com vida. No entanto, para os efeitos penais é considerado *pessoa*. Mas uma contradição se apresenta: se o feto é o sujeito passivo do delito em apreço, como aceitar que nos casos de aborto terapêutico ou necessário (quando a gestante encontra-se em risco de vida) e no humanitário (da estuprada), causas legais de exclusão do crime, o produto da concepção seja preterido em favor da gestante, ou seja, passe de *persona* a *res*?

Esta é a instigante questão colocada por Miranda,[237] que a responde da seguinte maneira: "O objeto legal no aborto é a vida do feto, vida autônoma e independente da mãe, surgida no momento da concepção, vida intrauterina que, ao terminar o processo de gestação, se converterá em vida humana."

E ainda na seara do Direito Civil,[238] vê-se que é na fecundação do óvulo que esta lei passa a proteger os

---

[236] O Código Zanardelli colocava o delito de aborto entre os "Crimes Contra a Pessoa", e o Código Rocco, entre os "Crimes Contra a Integridade da Estirpe". Referências retiradas de MIRANDA, Darci Arruda. *Op. cit.*, p. 218.

[237] Ibidem, p. 219.

[238] O Anteprojeto de Código Civil de 1972, no art. 3º, mantinha o atual art. 4º em sua íntegra. Já o Projeto de Código Civil - Projeto de Lei nº 634, de 1975 - publicado no *Diário do Congresso Nacional*, de 17 de maio de 1984, suplemento ao nº 047, aprovado pela Câmara dos Deputados e ora em tramitação no Senado Federal, traz significativa inovação ao art. 4º ao suprimir a expressão "desde a concepção". O artigo passa a ter a seguinte redação: "*A personalidade civil do homem começa do nascimento com vida, mas a lei põe a salvo os direitos do nascituro*". O autor da alteração, Ministro Moreira Alves, justifica a

direitos do nascituro. A fecundação pode-se dar no ventre materno ou fora dele, diante das novas técnicas de fertilização *in vitro*[239] e do congelamento de embriões humanos. Mas nem todos os direitos e estados a ele atribuídos, segundo Silmara Chimelato e Almeida,[240] dependem do nascimento com vida, como o estado de filho (Código Civil, art. 458), de filho legítimo (Código Civil, arts. 337 e 338), o direito a alimentos, à vida, a uma adequada assistência pré-natal, a receber doação e herança, etc.

Leciona Almeida:[241]

"É importante observar que, para nós, somente se poderá falar em 'nascituro' quando houver a nidação do ovo. Embora a vida se inicie com a fecundação, é a nidação - momento em que a gravidez começa - que garante a sobrevida do ovo, sua viabilidade. Assim sendo, na fecundação *in vitro* não se considera nascituro, isto é, a 'pessoa', o ovo

---

retirada das palavras "desde a concepção", pois, em sua opinião, entram elas em choque com o disposto nos artigos 2.007, I, e 2.008 (atuais arts. 1987, I, e 1988) do Anteprojeto, os quais, como sucede no Código Civil vigente (art. 1718), admitem à sucessão os filhos ainda não concebidos. A justificativa do insígne autor tem sido severamente combatida, uma vez que o nascituro não se assemelha à "prole eventual". O nascituro já é pessoa desde a concepção, no ventre materno, sem necessidade de valer-se da ficção, o que não ocorre com a "prole eventual", pessoa ainda não concebida e que, eventualmente, poderá até nunca sê-lo. Equiparam-se dois conceitos que não se equivalem, nem no plano biológico, nem no plano jurídico. Se há semelhança, é entre pessoa nascida e pessoa concebida, conforme se vê na codificação latino-americana e na própria tradição brasileira. (São as observações retiradas de ALMEIDA, Silmara J. A. Chimelato e. O Nascituro no Código Civil e no nosso Direito Constituendo. In: BITTAR, Carlos Alberto (coord.). *O Direito de Família e a Nova Constituição de 1988*. São Paulo: Saraiva, 1989, p. 44.

[239] *Fertilização "in vitro"*: óvulos são retirados da mulher por aspiração e transportados para um recipiente apropriado. Separados um a um, os óvulos são transferidos, horas mais tarde, para um disco plástico onde terão contato com espermatozóides. Se houver fertilização, esperam-se de dois a sete dias para transferir os embriões para dentro do útero. FACHIN, Luiz Edson. *Op. cit.* p. 228.

[240] ALMEIDA, Silmara J.A Chimelato e. *Op. cit.*, p. 44.

[241] Ibidem, p. 40.

assim fecundado, enquanto não for implantado no útero da futura mãe. Pelo menos no estágio em que a Ciência se encontra hoje, a exigir a implantação no útero materno do ovo fecundado na proveta, como condição de seu desenvolvimento, nascituro é um conceito que só existe quando há gravidez, seja ela resultado de fecundação *in anima nobile* (por inseminação natural ou por inseminação artificial) ou *in vitro*. Destarte, também não é nascituro o embrião humano congelado que, no entanto, deve ser protegido jurídica e eticamente como pessoa virtual."

Civilistas e penalistas, portanto, reconhecem que a vida humana torna-se viável a partir da nidação, quando tem início a gravidez da mulher. Os embriões fecundados fora do útero materno não podem ser, por conseqüência, abortados. Se alguma ação humana for empreendida dolosamente contra eles, não se tem o crime de aborto, e sim o de dano (art. 163 do Código Penal).[242]

No Brasil, o abortamento foi contemplado como crime, pela primeira vez, no Código Criminal de 1830 (Código Criminal do Império) que, em seu artigo 199,[243] detalhava dois tipos de figuras puníveis: o aborto consentido e o aborto sofrido. O aborto procurado[244] não era punido e, em quaisquer das hipóteses, a gestante era

---

[242] Art. 163 do Código Penal: "destruir, inutilizar ou deteriorar coisa alheia. Pena - detenção de 1 (um) a 6 (seis) meses, ou multa".

[243] Art. 199 do Código Penal de 1830: "Ocasionar aborto por qualquer meio empregado interior ou exteriormente com consentimento de mulher pejada.
Penas: Máximo - 5 anos de prisão com trabalho. Médio - 3 anos de prisão com trabalho. Mínimo - 1 ano de prisão com trabalho.
Se este crime for cometido com o consentimento da mulher pejada.
Penas: Máximo - 10 anos de prisão com trabalho.
Penas da cumplicidade e tentativa - Máximo - 4 anos, 5 meses e dez dias de prisão com trabalho. Médio - 2 anos e 8 meses de prisão com trabalho. Mínimo – 10 meses e 20 dias de prisão com trabalho".

[244] Apesar de não constar em nenhum autor consultado o que seria o "aborto procurado", depreende-se que fosse aquele em que a própria gestante realizava em si mesma as monobras abortivas para causar a morte do produto da concepção.

excluída da sanção penal.[245] Se o abortamento consentido ou procurado era para ocultar desonra própria, a pena seria atenuada, relata Paulo Sérgio Leite Fernandes.[246]

O atual estatuto repressivo contempla, no artigo 124,[247] duas modalidades de condutas puníveis - o auto-aborto e o aborto consentido pela gestante, cujas penas variam de um a três anos de detenção. No artigo 125,[248] o aborto sem o consentimento da gestante, de penas corretamente mais severas - reclusão de três a dez anos. E no artigo 126,[249] o abortamento realizado por terceiro com o consentimento da gestante, com penas cominadas de um a quatro anos de reclusão. Ainda neste artigo tem-se o parágrafo único contemplando o agravamento da pena, que é a mesma do artigo anterior (125), quando o abortamento for praticado em menor de quatorze anos, alienada ou débil mental, ou se o consentimento for obtido mediante fraude, grave ameaça ou violência.

Se durante os procedimentos para o aborto a gestante vier a sofrer lesão corporal de natureza grave ou

---

[245] Algumas legislações, como a argentina, a portuguesa e a belga não punem a tentativa de auto-aborto e de aborto consentido pela gestante. Cuello Calón defende a tese da impunidade como critério de política criminal no auto-aborto e o perdão judicial para a mulher que consentisse no abortamento praticado por terceiro. FRANCO, Alberto Silva e Outros. *Código Penal e sua Interpretação Jurisprudencial*. 4.ed. São Paulo: Revista dos Tribunais, 1993, p. 871.

[246] FERNANDES, Paulo Sérgio Leite. *Aborto e Infanticídio*. São Paulo: Sugestões Literárias, 1972, p. 79.

[247] Art. 124 do Código Penal: "Provocar aborto em si mesma ou consentir que outrem lho provoque:
Pena - detenção, de 1 (um) a 3 (três) anos".

[248] Art. 125 do Código Penal: Provocar aborto, sem o consentimento da gestante:
Pena - reclusão, de 3 (três) a 10 (dez) anos".

[249] Art. 126 do Código Penal: "Provocar aborto com o consentimento da gestante:
Pena - reclusão, de 1 (um) a 4 (quatro) anos.
Parágrafo único. Aplica-se a pena do artigo anterior, se a gestante não é maior de 14 (quatorze) anos, ou é alienada ou débil mental, ou se o consentimento é obtido mediante fraude, grave ameaça ou violência".

morrer, as penas previstas nos artigos 125 e 126 serão aumentadas em um terço ou duplicadas, caso ocorra a hipótese mais grave ou menos grave.

Paulo José da Costa Júnior,[250] sobre a posição que as legislações atuais assumem em relação ao delito de aborto, taxativamente afirma:

"Nas legislações atuais há três tendências. Uma bastante restritiva, como se faz notar no Código Penal vigente. Outra mais permissiva, que consente o aborto num maior número de casos (prole numerosa, idade avançada da mulher, morte ou incapacidade do pai, mulher não casada, possível deformação do feto, incapacidade física ou psíquica da mulher). Um terceiro grupo de leis, bastante liberais, confiam a decisão à mulher e permitem que o médico decida quanto ao aborto. É o critério adotado por países como o Japão, a Suécia, a Hungria e a Rússia, onde o índice de natalidade é baixo e as taxas de aborto legais muito grande."

No Brasil, as leis sobre o abortamento são severas e só em duas hipóteses ele é permitido: quando acarreta à mulher risco de vida ou quando for resultante de estupro (e por analogia *in bonam partem*, de atentado violento ao pudor), conforme estabelece o artigo 128 e seus incisos I e II.[251] É um tipo penal permissivo, excludente da ilicitude da conduta. Todavia, à margem da sociedade que criminaliza a conduta das mulheres que abortam porque assim o desejam, aponta Nicole Arnaud-Duc,[252] existe uma cumplicidade feminina que se

---

[250] COSTA JÚNIOR, Paulo José da. *Op. cit.*, p. 79.

[251] Art. 128. "Não se pune o aborto praticado por médico:
I - se não há outro meio de salvar a vida da gestante;
II - se a gravidez resulta de estupro e o aborto é precedido de consentimento da gestante ou, quando incapaz, de seu representante legal".

[252] DUC, Nicole Arnaud. As *Contradições do Direito*. In: DUBY, Georges, PERROT Michelle. *Op. cit.*, p. 115.

transmite de boca em boca, um espaço reservado que une vizinhas, amigas, mulheres da família, que trocam entre si experiências e endereços para salvar uma "honra" comprometida ou realizar, em segredo, um controle dos nascimentos, sobretudo entre as multíparas.

Fragoso[253] deixa a observação sempre atual de que:

"(...) as piores leis são as altamente restritivas, pois conduzem à realização de abortos ilegais perigosos. Tais leis não podem ser observadas nem impostas pela autoridade, levando o sistema penal ao descrédito e reforçando as desigualdades sociais, discriminando contra os menos favorecidos."

O princípio da igualdade alicerça-se sobre o reconhecimento das diferenças inerentes a cada sexo. Diferenças estas que biologicamente são inegáveis. Nasce-se homem ou mulher. As outras diferenças são impostas pela cultura, pela sociedade e pelas leis, onde os papéis que cada sexo deve desempenhar na vida social são reservados aos indivíduos desde o seu nascimento.

Ao tipificar o delito, principalmente nas modalidades de auto-aborto e aborto consentido, aplicou o legislador, ainda em 1940, ano em que foi promulgado o Decreto-Lei nº 2.848, que deu origem ao Código Penal brasileiro (não alterado em sua Parte Especial até os dias de hoje), o princípio do tratamento isonômico aos dois sexos *na lei*, reconhecendo as diferenças entre eles. Existe criminalização para a conduta da gestante, mas a sanção aplicada ao delito é bem menos severa do que a aplicada a outros crimes contra a vida (no homicídio, por exemplo, a pena cominada varia entre seis e vinte anos), talvez em face do elemento emocional que atua em seu desejo de interromper o processo gestacional (pobreza, prole numerosa, falta de um companheiro

[253] FRAGOSO, Heleno Cláudio. *Op. cit.*, p. 113.

para dividir a responsabilidade pela mantença do filho, etc.).

Cabe, neste momento, a abordagem do Anteprojeto de lei, criado pela Portaria nº 232, de 24 de março de 1998, em tramitação no Senado Federal, para alterações no Código Penal vigente, onde a tipificação do delito de aborto foi mantida em todas as figuras delituosas que, contudo, tiveram suas penas cominadas reduzidas.

O preceito do artigo 124 foi mantido na íntegra, e as penas passam a ser de um mês a nove meses de detenção;[254] o artigo 126, anterior "aborto com o consentimento da gestante", passa no Anteprojeto a ser o artigo 125[255] e igualmente mantém seu preceito inalterado, e as penas cominadas vão de um a três anos de detenção; o abortamento sem o consentimento da gestante, cuja pena em abstrato sempre foi a mais severa, tem seu mínimo aumentado para quatro e o máximo não ultrapassa oito anos de reclusão e passa a ser tipificado no artigo 126.[256]

A Comissão encarregada da alteração do Código Penal[257] manteve o chamado *aborto necessário*, ampliando, contudo, as causas justificativas para o abortamento quando a gravidez causar danos à saúde da gestante. Deu nova redação ao *aborto ético*, atualmente encontra-

---

[254] Art. 124 do Anteprojeto para alteração do Código Penal (Portaria nº 232, de 24 de março de 1998): "Provocar aborto em si mesma ou consentir que outrem lho provoque:
Pena - detenção, de 1 (um) a 9 (nove) meses".

[255] Art. 125 do Anteprojeto: "Provocar aborto com o consentimento da gestante:
Pena - detenção, de 1 (um) a 3 (três) anos".

[256] Art. 126 do Anteprojeto: "Provocar aborto sem o consentimento da gestante:
Pena - reclusão, de 4 (quatro) a 8 (oito) anos".

[257] A Comissão para a alteração do Código Penal é composta por Luiz Vicente Cernicchiaro (Presidente), René Ariel Dotti, Miguel Reale Júnior, Juarez Tavares, Ney Moura Teles, Ela Wiecko Volkmer de Castilho e Licínio Leal Barbosa (Membros). Fazem parte da Comissão, como Consultores, Damásio Evangelista de Jesus e Evandro Lins e Silva.

dos no artigo 128, incisos I e II,[258] estabelecendo que, além do aborto da estuprada, também é permitida a ocisão do feto em caso de violação da liberdade sexual da mulher ou do emprego não consentido de técnica de reprodução assistida. É inovador, novamente, ao permitir o aborto quando há fundada possibilidade de o nascituro apresentar graves e irreversíveis anomalias físicas ou mentais.[259]

Mais uma vez trabalha, o Anteprojeto, com o princípio da igualdade entre homem e mulher, neste inciso III, ao estabelecer que o cônjuge ou companheiro da gestante deve dar seu consentimento ao abortamento do feto doente.

A especificação biológica dos cargos faz com que apareça a expressão já utilizada anteriormente neste livro: a anatomia é o destino. O destino da mulher é mais pesado quanto mais ela se revolta contra ele. Beauvoir[260] sustenta que:

"(...) não é possível medir em abstrato a carga que constitui para a mulher a função geradora: a relação da maternidade com a vida individual é natural-

---

[258] Art. 128 do Código Penal. "Não se pune o aborto praticado por médico:
I - se não há outro meio de salvar a vida da gestante;
II - se a gravidez resulta de estupro e o aborto é precedido de consentimento da gestante ou, quando incapaz, de seu representante legal".

[259] Art. 128 do Anteprojeto: "Não constitui crime o aborto praticado por médico se:
I - não há outro meio de salvar a vida ou preservar a saúde da gestante;
II - a gravidez resulta de violação da liberdade sexual, ou do emprego não consentido de técnica de reprodução assistida;
III - há fundada probabilidade, atestada por dois outros médicos, de o nascituro apresentar graves e irreversíveis anomalias físicas ou mentais.
§ 1º. Nos casos dos incisos II e III, e da segunda parte do inciso I, o aborto deve ser precedido de consentimento da gestante, ou quando menor, incapaz ou impossibilitada de consentir, de seu representante legal, do cônjuge ou de seu companheiro;
§ 2º. No caso do inciso III, o aborto depende, também, da não oposição justificada do cônjuge ou companheiro".

[260] BEAUVOIR, Simone. Op. cit., p. 55.

mente regulada nos animais pelo ciclo do cio e das estações: ela é indefinida na mulher; só a sociedade pode decidir por elas (...).

Não se pode, por questão de coerência, aceitar a afirmativa de que o destino da mulher seja fruto único de seu sexo. O que se deve é indagar o que a humanidade fez da fêmea humana e os caminhos legais e sociais necessários para que a paridade no tratamento em todas as esferas legais seja mais do que uma reivindicação e transforme-se numa realidade palpável e natural.

3.1.2. O infanticídio

A gestação, acompanhada da descarga hormonal que a caracteriza, pode levar a mulher a outro crime, tipificado no 123 do Estatuto Penal Pátrio e que recebe o nome de infanticídio. Este, o infanticídio, diferencia-se do delito de aborto por nele a gestação chegar a termo e o fenômeno do parto já haver iniciado. A conduta da mulher dá-se sobre o nascente ou o neonato, matando-o.

Miranda[261] diferencia o delito de aborto do de infanticídio, dizendo:

"Entre o filho que respirou e abriu os olhos à luz do dia e o feto que não nasceu ainda, encontrará sempre o bom senso um abismo de diferença. O infanticídio é a destruição de uma pessoa, o aborto é a destruição de uma esperança."

O infanticídio, contudo, nem sempre foi motivo de incriminação. Paul Veyne[262] relata que no Império Romano, aproximadamente no ano 1000 de nossa era, o

---

[261] MIRANDA, Darci Arruda. *Op. cit.*, p. 221.

[262] VEYNE, Paul. Do Ventre Materno ao Testamento. In: ARIÈS, Philippe, DUBY, Georges (org.). *História da Vida Privada*. Tradução de Hildegard Feist. São Paulo: Companhia das Letras, 1990, p. 23. v.1.

nascimento de um romano não era apenas um fato biológico, uma vez que:

"(...) os recém-nascidos só vêm ao mundo, ou melhor, só são recebidos na sociedade em virtude de uma decisão do chefe de família (...). Em Roma um cidadão não 'tem' um filho: ele o 'toma', 'levanta' (*tollere*); o pai exerce a prerrogativa, tão logo nasce a criança, de levantá-la do chão, onde a parteira a depositou, para tomá-la nos braços e assim manifestar que a reconhece e se recusa a enjeitá-la (...)."

A criança que o pai não levantasse, reconhecendo como filho, seria exposta diante da casa ou em um monturo público. Quem quisesse poderia recolhê-la e criá-la.

Os romanos, a par de terem o direito de reconhecer ou não o filho recém-nascido, conforme as suas conveniências, enjeitavam ou afogavam as crianças malformadas e os filhos de suas filhas que houvessem dado à luz de forma ilegítima, prossegue Veyne.[263]

Entre os gregos era mais freqüente enjeitar meninas do que meninos, tanto que é ainda em Veyne[264] que se encontra menção à carta escrita por um heleno à esposa que estava para dar à luz, recomendando-a que, se tivesse um filho, deixasse-o viver; se lhe nascesse uma menina, enjeitasse-a.

Como se vê, ao longo da história da humanidade, os filhos eram ou não aceitos pela família e cabia ao genitor condená-los à morte logo após o nascimento ou transmitir-lhes os direitos havidos na geração da linhagem.

As legislações antigas, segundo o magistério de Euclides Custódio Silveira,[265] a começar por Roma e

---

[263] Idem.

[264] Idem.

[265] SILVEIRA, Euclides Custódio. *Direito Penal* - Crimes contra a Pessoa. São Paulo: Max Limonad, 1959, p. 105.

espalhando-se depois por toda a Idade Média, passaram a tipificar a conduta da mãe que matava o neonato como homicídio qualificado, impondo-lhe penas severíssimas, como a do "culeus" (saco de couro em que se cosiam os parricidas), a da empalação e a do afogamento.

O motivo da qualificação para o crime contra o neonato fundava-se no vínculo de sangue que unia pais e filhos, mas tal motivo não era suficiente para explicar a razão da especial repulsa contra o assassínio da criança recém-nascida, uma vez que os laços sangüíneos existiam tanto com relação ao filho acabado de nascer quanto com o filho nascido há vários anos. Se tal argumento não bastasse, qual a razão de punir-se com a pena capital a mãe que matava seu filho de poucas horas e não se aplicar o mesmo castigo àquela que matava seu filho de poucos anos? Pergunta Carrara.[266]

Certamente que a questão não se fundava na profundidade do amor da mãe, já que estabelecera com o filho de mais idade um vínculo mais forte do que o existente com o recém-nascido, pelo fato de ter-lhe dedicado mais cuidados, nutrido-o e acalentado-o.

A legislação romana, relata o doutrinador referido,[267] via no crime da infanticida a premeditação que autorizava o agravamento da pena, a par da nula capacidade que possuía o recém-nascido de defender-se e, por isto, deveria ser energicamente protegido pela lei penal.

Diz Carrara:[268]

"A história do infanticídio apresenta um fenômeno singularíssimo dentre as ciências morais. Este título

---

[266] CARRARA, Francesco. *Programma del Corso di Diritto Criminale* - Parte Speciale. v.1. 9.ed. Firenze, Itália: Casa Editrice Libreria "Frateli Commelli", 1912, p. 231.
[267] Idem.
[268] Ibidem, p. 231-232.

vem destacado da família dos homicídios, atribuindo-se-lhe nome e fisionomia distintas por apresentar uma particularidade extremamente duvidosa. Se decorre de um ódio particular contra o filho, ou, ao contrário, do confronto da mulher ilegitimamente fecundada que elimina um ser com o qual ainda não existem vínculos de afeição, e que se apresenta, ao invés, como um inimigo à sua honra. Talvez seja mais provável a segunda hipótese, porque a especialização vindo em substância subtrair este título da qualificação de parricídio, dificilmente poderia conceber-se um agravamento de pena além do culeo (...)".[269, 270]

Gradativamente, porém, e a partir de movimento operado entre os filósofos do direito natural, o crime cometido pela mãe contra o filho nascente ou neonato passou de homicídio qualificado (*parricídio*) para homicídio privilegiado, quando praticado *honoris causa* pela mãe ou parentes, uma vez não ser possível continuar a desconhecer-se a peculiaríssima forma como ocorria, merecendo, portanto, tal conduta, a justa diminuição da pena.

---

[269] La storia del titolo d'infanticidio presenta un fenomeno singolarissimo nelle scienze morali. Questo titolo venne etaccato della famiglia degli omicidii atribuendogli nome e fisionomia distinta per una specialità: la quale io tengo come grandemente dibbiosa se nella prima creazione procedesse veramente da un particolare odio contro di lui, o piuttosto da un riguardo di benignità verso la donna illegittimamente fecondata che spegne un essere, al quale non ancora legano vincoli di affezione, e che le sorge innanzi come un nemico dell'onor suo. Forse è più probabile il secondo concetto che el primo, perchè la specializzazione venendo in sostanza a sottarre questo titolo qualifica di parricidio, difficilmente protebbe concepirsi un rincaro di pena sopra la pena del culeo (...). Idem.

[270] A tradução cujo texto original está em rodapé foi feita pela autora deste livro.

Ainda é de Carrara[271] a lição:[272, 273]

"A moderna doutrina da imputação tem raízes na noção geral do dolo ou no caráter absoluto que ele dá de uma potencial graduação em qualquer condição de fato criminoso. A presunção de premeditação em certos delitos é um dos mais deploráveis erros da velha escola. Qualquer fato que possa com 'mão rápida' consumar-se, admite a possibilidade de uma resolução instantânea, como também daquela que sai presa sob o impulso de veemente comoção dos ânimos, seja por temor, ou por dor, ou por ira. Devendo isto ser admitido como possível, é preciso reconhecer que o irromper do afeto possa ser desculpa ao delito. Admitindo-se em um gênero de delito, precisa-se admiti-lo em todos, porque tem nos princípios fundamentais a teoria do grau moral do delito e da sua influência sobre a imputação do agente (...)."

Ao abordar a questão da força moral do delito, o eminente doutrinador italiano acentua que os casos de

---

[271] CARRARA, Francesco. *Programma*..., p. 340.

[272] La moderna dottrina dell'*imputazione* há radice nella nozione generale del dolo, e nel carattere assoluto che egli da di una potenziale graduabilità in qualsiasi condizione di fatto criminoso. *La presunzione della premeditazione in certi delitti è uno dei più deplorabili errori della vecchia scuola*. Quallunque fatto che possa com rapida mano consumarsi, ammette il possibile di una rizoluzione instantanea; *ed anche di una risoluzione che sai presa sotto l'imulso di veemente commozione dell'animo, o per timore, o per dolore, o per ira*. E dovendosi ciò ammettere come possibile, o bisogna negare che lo irrompere dell'affetto possa mai essere di scusa al delitto o, se si ammette in un denere di delitto, bisogna ammentterlo in tutti princippio *risoluzione che sai presa sotto l'imulso di veemente commozione dell'animo, o per timore, o per dolore, o per ira*. E dovendosi ciò ammettere come possibile, o bisogna negare che lo irrompere dell'affetto possa mai essere di scusa al delitto o, se si ammette in un denere di delitto, bisogna ammentterlo in tutti, perchè tiene ai princippi fondamentali ed alla teoria del grado nella forza morale del delitto, e della sulla imputazione dell'agente (...). Idem.

[273] A tradução cujo texto original está em rodapé foi feita pela autora deste livro.

morte do filho recém-nascido causados dolosamente por sua genitora devem-se ao fato de que esta mulher é conduzida ao morticínio da prole pelo aspecto de honra, pela previsão do escárnio ao qual seria perpetuamente exposta, pelo medo do vexame e da severa coerção da família, pela tremenda vingança de um consorte traído. Todo este aparato de medo age violentamente sobre a mulher fecundada por ilícito comércio e na ocasião do parto a conduz a um frenesi desesperado, o qual deve valorar-se a seu favor como degradante da imputação do delito.

Na legislação penal brasileira de 1830,[274] 1890[275] e 1940,[276] o infanticídio manteve, taxativamente ou não, a questão moral que envolve o delito e, por conseqüência, uma punição mais branda.

O *motivo de honra* foi mantido em inúmeras legislações estrangeiras (Código Penal argentino, artigo 81, e Código Penal italiano, artigo 578, por exemplo), mas retirado de nossa lei penal em 1940, quando passou-se a adotar o critério *fisiopsicológico,* não se levando em conta o motivo do crime, e sim o desequilíbrio fisiopsíquico oriundo do parto, embora não se desconheça que o motivo desencadeante da conduta de *matar o próprio filho* pode entrar no complexo motivador deste desequilíbrio.

Cumpre salientar-se que o critério fisiopsíquico, ao contrário do puramente psicológico, adotado nos Estatutos Repressivos anteriores, não distingue entre gravidez legítima ou ilegítima, abstraindo, portanto, ou pelo menos relegando para terreno secundário, a *honoris*

---

[274] Art. 192 do **Código Penal de 1830**: "Se a própria mãe matar o filho recém-nascido **para ocultar a sua desonra**:
Pena - prisão por trabalho por 1 a 3 anos".

[275] Art. 298 do **Código Penal de 1890**: "Se o crime for perpetrado para ocultar desonra própria".

[276] Art. 123 do **Código Penal de 1940**: "Matar, sob a influência do estado puerperal, o **próprio filho**, durante o parto ou logo após:
Pena - detenção, de dois a seis anos".

causa: somente tem em conta a particular perturbação fisiopsíquica decorrente do parto. Ao invés do *impetus pudoris*, o *impetus doloris*, ressalta Hungria.[277]

A questão do que seja *influência do estado puerperal* e a sua existência conforme estabelece a lei penal é questão discutida e não unanimemente aceita pela medicina. Que todas as mulheres que dão à luz passam pelo puerpério é certo. Que pouquíssimas mulheres matam sob a influência do estado puerperal é mais certo ainda. A tormentosa questão do estado puerperal que conduz a mulher ao crime de infanticídio foi objeto de conferências e palestras, a exemplo das ocorridas na Faculdade de Direito da Universidade de São Paulo, em 1964, e que receberam o nome de *Ciclo de Conferências sobre o Anteprojeto do Código Penal Brasileiro de Autoria do Ministro Nelson Hungria*. O médico legista Leonídio Ribeiro[278] esclarece que não se deve confundir *puerpério* com *parto* ou *post-partum*, ou seja, as horas que se seguem ao fenômeno da parturição, uma vez que:

> "O puerpério, no sentido vulgar, dura de oito a quinze dias. É, como se compreenderá, uma apreciação arbitrária, que varia segundo as raças, os povos, relações sociais, estado econômico e muitos outros pormenores. Opino, por minha parte, que se deve admitir um prazo mais longo, ou o tempo que precisam os órgãos sexuais para sua completa restauração, isto é, cinco a oito semanas, e, como é natural, este prazo depende do clima, raça, particularidades pessoais, terminando nas mulheres que não amamentam seus filhos, com a volta da menstruação. Esse período é que é denominado, em linguagem profissional, de puerpério."

---

[277] HUNGRIA, Nelson. *Op. cit.*, p. 246.

[278] RIBEIRO, Leonídio. O Papel do Médico-Legista na Reforma do Código Penal. In: *Ciclo de Conferências sobre o Anteprojeto do Código Penal de Autoria do Ministro Nelson Hungria*. São Paulo: Imprensa Oficial, 1965, p. 308.

O que estava presente no espírito do legislador de 1940, quando foi redigido o artigo 123, ao referir-se ao *estado puerperal*, certamente eram os casos em que a mulher, abalada pela dor física do fenômeno obstétrico, fatigada, enervada, sacudida pela emoção, vem a sofrer um colapso do senso moral, uma liberação dos impulsos, chegando, por isto, a matar o próprio filho. Não alienação mental nem semi-alienação (casos estes já regulados pelo Código), mas também não a frieza de cálculo, a ausência de emoção, a pura crueldade (que caracterizaria, então, o homicídio), e sim uma situação intermediária entre a loucura total, a alteração parcial e a normalidade, que domina a mulher quando esta se defronta com o produto não desejado e temido de suas entranhas.

Em *Lições de Medicina Legal*, Antônio Ferreira de Almeida Júnior[279] sustenta:

"O fator 'puerpério' é o terreno pressuposto pela lei (como o é, em outros Códigos, o fator desonra). A ele se alia o abalo emotivo determinado pela presença de um recém-nascido que as circunstâncias do caso tornam indesejado. Pode tratar-se (embora raramente) de filho legítimo. Todavia, maior comoção é de esperar-se em relação aos ilegítimos, quando a violência do parto (quase sempre realizado ao desamparo) se agrava pela vergonha, pelo receio das sanções familiares, pelas apreensões ante a previsão de dificuldades a vencer."

Se está a tratar-se de um estado transitório de abalo emocional, certamente encontram-se afastadas, de plano, as psicoses francas ocasionadas pelo puerpério ou então as que evoluem ao lado dele. As psicoses propria-

---

[279] ALMEIDA JÚNIOR, Antônio Ferreira de, COSTA JÚNIOR, J. B. de O. *Lições de Medicina Legal*. v. 1. 14.ed. São Paulo: Companhia Editora Nacional, 1977, p. 382-383.

mente puerperais, isto é, em relação etiológica com o puerpério, resultam de infecções ou de auto-intoxicação. As outras, que o choque obstétrico simplesmente desperta ou acentua, distribuem-se entre a esquizofrenia, a psicose maníaco-depressiva e as psicoses histéricas, leciona Almeida Júnior.[280] Quando a mãe infanticida incluir-se neste grupo estará isenta de pena em virtude do disposto no artigo 26 do Código Penal.[281] Não há pena a ser aplicada à mulher inimputável, e sim tratamento médico imposto através de medida de segurança a ser realizada em Manicômios Judiciários.

Entretanto, pode haver casos em que a autora não é inimputável, e sim portadora de perturbação da saúde mental que a leva ao delito e torna-a relativamente responsável pelos seus atos. A mulher entende parcialmente o que fez, e tais casos são constatados, segundo o magistério de Almeida Júnior,[282] nas perversas instintivas, nas histéricas e nas débeis mentais. Nestes casos, verificada pericialmente a anomalia da autora, aplicar-se-á o parágrafo único do artigo 26 do diploma penal,[283] ou seja, pena ou medida de segurança para fins de tratamento e recuperação. Uma (pena) ou outra (medida de segurança), em critério a ser definido pelo juiz.

Mas o que se entende por imputável? Se imputação é a atribuição de alguma coisa a alguém, coisa esta já acontecida, imputabilidade é o juízo sobre um fato

---

[280] Ibidem, p. 383.

[281] Art. 26 do Código Penal: "É isento de pena o agente que, por doença mental ou desenvolvimento mental incompleto ou retardado, era, ao tempo da ação ou da omissão, inteiramente incapaz de entender o caráter ilícito do fato ou de determinar-se de acordo com esse entendimento".

[282] ALMEIDA JÚNIOR, Antônio Ferreira de, COSTA JÚNIOR, J. B. de O. *Op. cit.* p. 384.

[283] Art. 26, parágrafo único, do Código Penal: "A pena pode ser reduzida de um a dois terços, se o agente, em virtude de perturbação de saúde mental ou por desenvolvimento mental incompleto ou retardado não era inteiramente incapaz de entender o caráter ilícito do fato ou de determinar-se de acordo com esse entendimento".

previsto como possível, mas ainda não ocorrido. Imputação, portanto, é uma idéia, um conceito; imputabilidade uma realidade, acentua Carrara.[284] Pena e imputação não são palavras sinônimas, apesar da confusão que envolve os dois institutos. A teoria da pena, mais uma vez apoiando-se em Carrara,[285] focaliza o delito em sua vida externa, observando-a em suas relações com a sociedade civil que necessita de tutela jurídica. A teoria da imputação considera o delito nas suas puras relações com o agente. Pode haver imputação do agente e a não-aplicação da pena, mas nunca poderá haver pena sem prévia imputação do agente.

É de todo conveniente traçar a distinção entre *imputabilidade moral, imputabilidade política* e *imputabilidade civil*, pois só assim compreender-se-á a imputabilidade e a inimputabilidade.

A pessoa, ao dar causa material a um fato (ao cometer um delito), causa-o também *moralmente*, ou seja, realiza uma conduta de forma voluntária e por esta conduta é moralmente responsável. Esta é a *imputabilidade moral*. A *imputabilidade política* surge quando a pessoa que realiza a conduta é por ela responsabilizada perante a sociedade, representada pelo legislador. Surge a *imputabilidade civil* quando a pessoa é responsável perante a sociedade pela conduta que já realizou. Apenas o juiz pode emitir o juízo sobre a imputação civil.

Em razão desses conceitos, pode-se afirmar, então, que a imputabilidade moral é a que nasce das leis de responsabilidade humana; a imputablidade política (ou incriminação) é a que nasce da proibição; a punibilidade é a que nasce da sanção.

Quando o juiz imputa civilmente a alguém uma ação previamente declarada típica e ilícita, ação esta politicamente imputável, portanto, a tal imputação che-

---
[284] CARRARA, Francesco. *Programma* ..., p. 40.

[285] Ibidem, p. 40-41.

gou proveniente de três diferentes juízos, continua Carrara:[286]

"(...) encontra naquele indivíduo a causa material do ato e lhe diz - fizeste - imputação física. Acha que aquele indivíduo praticou tal ato com vontade inteligente e lhe diz - fizeste voluntariamente - imputação moral. Verifica que aquele fato era proibido pela lei da cidade e lhe diz - obraste contra a lei - imputação legal. É apenas em conseqüência dessas três proposições que o magistrado pode declarar ao cidadão - eu te imputo tal fato como delito."

Para o juízo da imputabilidade deve-se ter uma ação ou omissão humana (conduta) voluntária e uma previsão legal a qual possa adequar-se a conduta realizada voluntariamente e de forma inteligente, ou seja, a conduta deve ser realizada *responsavelmente* pelo sujeito. E é justamente aqui que se encontra o ponto nevrálgico do delito de infanticídio - a conduta responsável ou não da mulher puérpera.

Jiménes de Asúa[287] dedicou um capítulo específico à distinção entre culpabilidade, imputabilidade e responsabilidade, tal a importância que os conceitos adquirem para os estudiosos e aplicadores do Direito Penal.

É de Asúa[288] [289] [290] que se retira:

---

[286] Ibidem, p. 41-42.

[287] ASÚA, Luis Jiménes de. *Tratado de Derecho Penal* Buenos Aires, Argentina: Losada, Cuarta Edicion, 1950, p. 41-42. Tomo V.

[288] Ibidem, p. 43.

[289] (...) la *imputabilidad* se distingue de la *responsabilidad*, aunque sean dos expresiones que suelen usarse promiscuamente, como se distingue de la *imputación*. Ésta es una expresión técnica procesal, y significa un acto del procedimiento penal, por el que se acusa a alguien de un delito para que responda de él, en conformidad a la ley penal ante un juez competente. Pero se emplea del mismo modo para designar el propio juicio del magistrado, por el cual se atribuye a alguno, como su autor, un hecho previsto por la ley como delito. La responsabilidad penal es la obligación de sufrir una pena a causa de un delito; se es, por ende, penalmente responsable, cuando todas las condiciones materiales y morales previstas por la ley como esenciales de

"(...) A imputabilidade distingue-se da responsabilidade, apesar de serem expressões que se costuma usar de forma promíscua, assim como distingue-se de imputação. Esta é uma expressão técnico-processual e significa um ato do procedimento penal pelo qual se acusa alguém para que responda por um delito praticado em conformidade com a lei penal e perante um juiz competente. A responsabilidade penal é a obrigação de sofrer uma pena por causa de um delito. Por ele se é penalmente responsável quando todas as condições materiais e morais previstas pela lei como essenciais de um delito encontram-se no fato imputado. A imputabilidade é um pressuposto da responsabilidade penal. Trata-se da possibilidade de ser imputado por um delito ou ser penalmente responsável por um fato, e consiste naquelas condições psíquicas que a lei considera como necessárias em cada indivíduo no momento do fato a fim de que este possa ser-lhe imputado como delito. A imputabilidade é o antecedente necessário da responsabilidade."

A imputabilidade, segundo o magistério de Damásio,[291] surge quando o sujeito é mentalmente são e desenvolvido, capaz, portanto, de entendimento e determinação. Responsabilidade é a obrigação que alguém tem de arcar com as conseqüências jurídicas do crime ou, em outras palavras, é o dever que tem a pessoa de prestar contas de seu ato.

---

un delito, se encuentran existentes en el hecho imputado. La imputabilidad es el presupuesto de la responsabilidad. Se trata de la posibilidad de ser imputado por un delito, o de ser responsable penalmente por un hecho, y consiste en aquellas condiciones psíquicas que la ley considera como necesarias en cada individuo en el momento del hecho, a fin de que éste pueda serle imputado como delito. La imputabilidad es el antecedente necesario de la responsabilidad. Idem.

[290] A tradução do texto constante em rodapé foi feita pela autora deste livro.
[291] JESUS, Damásio Evangelista de. *Op. cit.*, p. 465-466.

Sobre a responsabilidade penal, Noronha[292] afirma depender ela da imputabilidade do indivíduo, pois não pode sofrer as conseqüências do fato criminoso senão o que tem a consciência de que tal fato é ilícito e mesmo assim o pratica.

A polêmica do estado puerperal e da imputabilidade e conseqüente responsabilidade da mulher torna-se mais acirrada no momento em que médicos ligados à moderna psiquiatria afirmam não existirem psicoses puerperais específicas. Para Hungria,[293] surgem elas no terreno lavrado pela tara psíquica que se agrava pelos processos metabólicos do estado puerperal, ou são uma *species* do *genus* psicoses somáticas, isto é, transtornos psíquicos que se apresentam no curso de enfermidades gerais internas, de infecções agudas, de intoxicações, etc., e cujas lesões não têm uma localização cerebral.

Se não se pode comprovar a existência cabal dessa alteração consistente em delírios, em ofuscamento transitório da consciência, em confusões alucinatórias agudas que deságuam no estado puerperal, certamente se deve atribuir ao crime cometido pela mulher que está dando à luz ou acabou de dar à luz a inegável questão social.

O infanticídio é, principalmente e antes de tudo, um delito social,[294] praticado na quase totalidade dos casos (e é fácil a comprovação pela simples consulta aos repertórios de jurisprudência), por mães solteiras ou mulheres abandonadas pelos maridos, por mulheres pobres ou por mulheres pobres e com prole numerosa. Raríssimas vezes, para não dizer nenhuma, têm sido acusadas desses crimes mulheres casadas e felizes, as quais, via de regra, dão à luz cercadas do amparo do

---

[292] NORONHA, Edgard Magalhães. *Op. cit.*, p. 100.

[293] HUNGRIA, Nelson. *Op. cit.*, p. 247.

[294] É o que se infere do magistério de Damásio Evangelista de Jesus, Magalhães Noronha, Paulo José da Costa Júnior, Heleno Cláudio Fragoso, Aníbal Bruno, Nilton Salles, Paulo Sérgio Leite Fernandes, entre outros.

marido e do apoio moral dos familiares. Por isto mesmo, o conceito fisiopsicológico do infanticídio - sob a influência do estado puerperal - introduzido em nosso Código Penal para eliminar de todo o antigo conceito psicológico - a questão de honra - vai aos poucos perdendo sua significação primitiva e se confundindo com este, por força de reiteradas decisões judiciais.

Só se admite o infanticídio como *delictum exceptum*, punido diversamente do que o homicídio comum e com a pena mitigada, quando há motivo de honra, e a vítima é o recém-nascido. TJSP - Rec. - Rel. Silva Leme - RT 581/291.[295]

O estado puerperal não é dirimente parcial ou total, apenas privilegiando o delito por motivos de ordem moral e social, entre os quais se releva a *honoris causa*, para ocultar a própria desonra. TARS - Ac. - Rel. Rubem Rebello Magalhães - *RT 435/410*.[296]

Apresenta-se de relativo valor probante a conclusão para verificação do estado puerperal, assumindo relevo também as demais circunstâncias que fazem gerar a forte presunção do *delictum exceptum*. TJSP - Rec. - Rel. Xavier Homrich - *RT 506/362*.[297]

Se toda a ação da acusada se verifica durante o estado puerperal, agiu ela, em tais circunstâncias, em estado transitório de desmoralização psíquica. É do temor à vergonha da maternidade ilegítima motivo que levou o legislador a admitir em tais casos um abrandamento da pena, no que teve em conta os princípios da criminologia moderna e sobretudo os postulados dos iluministas. Por isso o infanticídio é um *delictum exceptum*, um delito privilegiado. TJSP - RT 442/409.[298]

---

[295] FRANCO, Alberto Silva e Outros. *Op. cit.* p. 867.

[296] Idem.

[297] Idem.

[298] MIRABETE, Julio Fabbrini. *Código Penal Interpretado*. São Paulo: Atlas, 1999, p. 683.

Merece transcrição um trecho de caso de infanticídio ocorrido e julgado na cidade do Rio de Janeiro e relatado por Nilton Salles,[299] onde o perito médico Antenor Costa, ao responder o quesito sobre se a mulher praticara o crime sob a influência do estado puerperal, assim manifestou-se:

"É perfeitamente admissível a hipótese de que esse ato tenha sido praticado sob a influência do estado puerperal. Com efeito, a própria natureza do parto em apreço, término que foi de uma gravidez de origem socialmente irregular (gravidez de mulher solteira), e evoluída sob a preocupação constante, por parte da paciente, de mantê-la em segredo; o esforço da paciente em conter-se ante as dores da parturição, sobretudo no transe final desta para evitar que, já dia claro e em casa habitada por outras pessoas, tivessem estas conhecimento de sua situação; a ausência de qualquer assistência ou conforto nesse momento crítico de sua vida; a dificuldade ou mesmo impossibilidade, dada a clandestinidade do fato de que era protagonista de, nessa ocasião, encontrar um destino conveniente para o filho que nascia; todo esse conjunto de circunstâncias, em suma, agravado ainda pelo nível afetivo pouco elevado da paciente - condição peculiar mas não anormal de sua personalidade - era de molde a poder conturbar-lhe momentaneamente a inteligência, levando-a, na ocasião em que a criança emitia os primeiros vagidos (e, assim, denunciava a sua existência) a um ato de extremo desespero, tirando a vida a esse pequenino ser."

O nosso Código Penal exige a relação de causalidade entre a morte do nascente ou nascido e o estado

---

[299] SALLES, Nilton. *O Infanticídio na Legislação Brasileira*. Rio de Janeiro: Nacional, 1945, p. 383.

puerperal sofrido pela mãe autora, reconhecendo, portanto, que tal perturbação biopsicológica não é fenômeno corriqueiro e muito menos deve ser admitido sem maiores dificuldades.

Em que pese a Exposição de Motivos do Código Penal de 1940[300] dizer que a infanticida apresenta capacidade de entendimento diminuída, a lei penaliza-a com penas que seriam, na letra clara da norma, somente aplicáveis às penalmente responsáveis: "(...) é preciso que fique averiguado ter esta (a influência do estado puerperal) realmente sobrevindo em conseqüência daquele (do parto), de modo a diminuir a capacidade de entendimento ou de auto-inibição da parturiente (...)".[301]

Apesar de eminentes doutrinadores concordarem com a Exposição de Motivos do Código Penal, como Hungria,[302] Damásio[303] e Noronha,[304] reconhecendo a ocorrência de transtornos transitórios psíquicos que remetem a puérpera à semi-imputabilidade, ou seja, à diminuição da *responsabilidade* pelo ato praticado, uma vez não possuir, no momento em que o comete, a plena capacidade intelectiva ou volitiva, nossa lei repressiva segue punindo-a, submetendo-a a julgamento pelo Júri Popular e aplicando-lhe penas que vão de dois a seis anos de detenção.

Damásio,[305] ao tratar da diminuição da capacidade de entendimento e de vontade, casos que exigem a redução da pena ou a aplicação de medida de segurança, expressamente prevista no artigo 26, parágrafo único, do diploma legal, leciona:

---

[300] *Exposição de Motivos da Parte Especial do Código Penal de 1940*, São Paulo: Saraiva, 1998, p. 24.

[301] Os acréscimos entre parênteses não constam no texto original. Foram inseridos pela autora para melhor compreensão do conjunto.

[302] HUNGRIA, Nelson. *Op. cit.*

[303] JESUS, Damásio Evangelista de. *Op. cit.*

[304] NORONHA, Edgard Magalhães. *Op. cit.*

[305] JESUS, Damásio Evangelista de. *Op. cit.*, p. 500.

"É princípio da Psiquiatria que entre a saúde e a anormalidade psíquica não se pode traçar uma linha precisa de demarcação. A natureza não dá saltos e, do mesmo modo, entre a saúde e a anormalidade mental há graus intermediários, que Fernando Díaz Palos chama de 'terreno neutral'. Assim, entre a imputabilidade e a inimputabilidade existe um estado intermédio com reflexos na culpabilidade e, por conseqüência, na responsabilidade do agente. Situam-se nessa faixa os denominados *demi-fous* ou *demi-responsables*, compreendendo os casos benignos ou fugidios de certas doenças mentais, as formas menos graves de debilidade mental (...), certos estados psíquicos decorrentes de especiais estados fisiológicos (gravidez, puerpério, climatério, etc.) (...). Atendendo à circunstância de o agente, em face dessas causas, não possuir a plena capacidade intelectiva ou volitiva, o Direito Penal atenua a sua severidade, diminuindo a pena a ser imposta."

Se atuam no corpo e no psiquismo da mulher, em decorrência do fenômeno da parturição, hormônios que lhe tiram a perfeita capacidade de determinação e entendimento, se o crime é doloso, ou seja, exige orientação e querer para o resultado morte, se a influência do estado puerperal tem início e término prefixados (do primeiro ao quadragésimo quinto dia após o parto, segundo a doutrina) e sabe-se, pela medicina, que as alterações mentais (assim como as psicoses puerperais, que a levariam à total inimputabilidade) necessitam de tratamento e não se pode precisar a data da cura, como se pode seguir penalizando aquela que, na realidade, não tem a perfeita compreensão do que faz?

Talvez o mais certo, o mais justo, o mais humano, seja considerar-se que a história da mulher na cultura muitas vezes é escrita de forma tão pesada quanto lhe é pesado o peso das convenções, da hipossuficiência, da menor possibilidade de emprego, de educação, e que o ato de matar o próprio filho durante ou logo após o parto acha-se indissoluvelmente ligado às questões sociais e/ou de honra. O Anteprojeto para a alteração do Código Penal[306] não dirime a polêmica que este tipo envolve, já que mais uma vez a lei deixa de atacar o ponto fundamental do problema. Não basta retirar-se a expressão *influência do estado puerperal* e substituí-la pela *influência perturbadora do parto*. A questão não é terminológica e sim social. As leis devem ser editadas sem ocultamento da realidade. Isto não foi alcançado no Anteprojeto, que segue desconhecendo a questão social norteadora da conduta da parturiente que mata o próprio filho. A responsabilização da mulher puérpera pelo ato praticado contra o próprio filho deve ser mantida. A pena, menos severa, é um reconhecimento inquestionável de que seus direitos de cidadania não são plenamente atendidos pela sociedade.

Não basta alterar-se a lei mediante o uso de uma ou outra palavra que, no fim das contas, servirá de motivo para inúmeras discussões acadêmicas. É a sociedade que deve modificar-se para reconhecer e conviver com as diferenças entre os seres humanos. Diferenças estas não apenas biológicas, mas nas próprias condições de acesso aos meios de produção, através dos quais o pleno exercício da democracia e da igualdade serão possíveis de serem alcançados.

A igualdade não é um princípio idealizado para privilegiar as mulheres, e sim para que se possa reconhecer as diferenças biológicas e sociais entre os dois sexos. Com relação às diferenças biológicas, a humanidade deve reconhecê-las e valorizá-las. As diferenças sociais

---

[306] Art. 132 do Anteprojeto: "Matar, o próprio filho, durante o parto ou logo após, sob a influência perturbadora deste:
Pena - detenção, de 2 (dois) a 4 (quatro) anos".

devem ser removidas através de mudanças comportamentais e legais.

3.2. Os crimes contra a mulher

É certamente na parte do estatuto penal que se refere aos crimes contra os costumes[307] que se encontram os melhores exemplos de desigualdade de tratamento que a lei confere aos dois sexos.

Ao prestar sua adesão à ética sexual, penalizando os fatos que afetam a ordem e a convivência social, andou bem o nosso estatuto penal de 1940. O direito repressivo deixou de espelhar-se na moral religiosa norteadora dos chamados *delicta carnis* e passou a reprimir as condutas que fugiam à normalidade do intercurso entre os sexos, acarretando lesão de interesses dos indivíduos, da família e da comunhão civil, como sejam o pudor, a liberdade sexual, a honra sexual, a regularidade da vida sexual, familiar e social, a moral pública sob o ponto de vista sexual, conforme ressalta Hungria.[308]

O Código Penal, no próprio título com que abre a relação dos crimes contra a liberdade sexual, utiliza a palavra *costumes*. E o faz com a intenção de tutelar não todos, mas apenas os *bons costumes*, que são aquela parte da moralidade pública referente às relações sexuais. Moralidade pública, por sua vez e recorrendo-se a Maggiori,[309] é a consciência ética de um povo em dado

---

[307] Título VI - DOS CRIMES CONTRA OS COSTUMES
Capítulo I - Dos Crimes Contra a Liberdade Sexual (arts. 213, 214, 215, 216);
Capítulo II - Da Sedução e da Corrupção de Menores (arts. 217, 218)
Capítulo III - Do Rapto (arts. 219, 220, 221, 222)
Capítulo V - Do Lenocínio e do Tráfico de Mulheres (arts. 227, 228, 229, 230, 231).
[308] HUNGRIA, Nelson. *Op. cit.*
[309] MAGGIORE, Giuseppe. *Diritto Penale.* v. 2. Tomo 2. Bologna: 1953, p. 541.

momento histórico: é precisamente o seu modo de entender e distinguir o bem e o mal, o honesto e o desonesto.

Portanto, o sentido da expressão "Crimes Contra os Costumes" leva em conta os comportamentos sexuais que norteiam a vida de um povo num momento determinado. A ordem pública é mais visada do que propriamente tutelada a vítima.

O Código Penal entrou em vigor em 1º de janeiro de 1942.[310] Certos preconceitos sociais desapareceram no decurso destes 59 anos de vigência. A mulher assumiu novo posicionamento, os meios de comunicação de massa eliminaram das jovens de dezesseis anos aquela *inexperiência ou justificável confiança* referida pela lei ao contemplar alguns delitos. O valor da virgindade não é mais absoluto, e o ato sexual não mais conspurca quem o pratica fora dos limites do casamento. Se o Código Penal está ultrapassado pelo longo tempo em que rege as condutas humanas na esfera sexual, o que se pode dizer dele em confronto com a Constituição Federal de 1988, que tantas e tão significativas mudanças trouxe em seu bojo?

Certamente que a grande maioria dos crimes (se não todos)[311] contra a liberdade sexual, de sedução e do

---

[310] Conforme ZAFFARONI, Eugenio Raúl, PIERANGELI, José Henrique. *Op. cit.* p. 222.

[311] Deixaram-se fora da análise dos crimes contra a liberdade sexual o estupro (art. 213) e o atentado violento ao pudor (art. 214), a corrupção de menores (art. 218), a mediação para servir a lascívia de outrem (art. 227), o favorecimento à prostituição (art. 228), casa de prostituição (art. 229), rufianismo (art. 230), ato obsceno (art. 233) e escrito ou objeto obsceno (art. 234), por não afrontarem o preceito constitucional da igualdade. O que se busca apontar nesta obra é a discriminação da mulher enquanto considerada o "sexo frágil" ou o "segundo sexo". O Estado, com o intuito de defendê-la desnecessariamente, desiguala-a na lei. A proteção, quando descabida, é uma discriminação. Com relação ao delito de estupro, onde o sujeito passivo é unicamente a mulher, crê-se que a proteção a ela estendida não é discriminatória porque o tipo penal incriminador exige a conjunção carnal (coito vagínico total ou parcial) mediante violência ou grave ameaça. Como na

lenocínio e tráfico de mulheres, precisa ser revista para adaptar-se à igualdade de gênero prevista constitucionalmente.

Os tipos penais incriminadores previstos em alguns artigos do Capítulo sob análise merecem transcrição para apontar-se o que Dahl[312] tem como a tutela excessiva do Estado com relação às mulheres, o que certamente é uma forma de controle, além de negar-lhes a plena autonomia e fazer-lhes participar, apenas escassamente, na distribuição das vantagens e desvantagens da vida social. Este controle que o Estado realiza sob a desculpa de proteger o "sexo frágil" resulta em discriminação entre os sexos. A discriminação manifesta-se no momento em que a mulher é colocada como vítima em certos crimes que não exigem o sexo feminino como elementar do tipo.

---

anatomia feminina encontra-se a vagina e na masculina o pênis, somente o homem pode ser sujeito ativo do crime em questão. Como se não bastassem os argumentos citados, pode-se fundamentar a falta de tratamento discriminatório contra a mulher neste delito porque nele *todas* as mulheres são protegidas contra o intercâmbio sexual não consentido. A chamada "desonesta" não é preterida em relação à honesta, assim como não o é a desvirginada em relação à virgem ou a jovem em relação à idosa. Não se pode deixar de ressaltar, contudo, que a exigência legal do coito vagínico poderia ser suprimida para alcançar-se tanto o homem quanto a mulher como sujeitos passivos do delito de estupro. Para tanto bastaria quebrar-se o paradigma legal e juntar-se num único tipo penal a *conjunção carnal e os atos libidinosos diversos da conjunção carnal* (o coito vagínico e os coitos oral, anal e demais atos lascívos). O delito de atentado violento ao pudor tipificado no artigo 214 desapareceria e reuniriam-se no estupro as condutas tipificadas em dois artigos do Código Penal. A mesma fundamentação pode ser utilizada para a não abordagem do delito de atentado violento ao pudor. Os delitos de corrupção de menores (art. 218), mediação para servir a lascívia de outrem (art. 227), favorecimento à prostituição (art. 228), casa de prostituição (art. 229), rufianismo (art. 230), ato obsceno (art.233) e escrito ou objeto obsceno (art. 234) admitem como autores homens e mulheres e, assim, não se encontram razões para analisá-los sob a ótica em que este trabalho foi construído. Faz-se apenas uma breve análise dos delitos de corrupção de menores, casa de prostituição e rufianismo em cotejo com o Anteprojeto. A discriminação que se reputa relevante, na lei, é aquela baseada unicamente no sexo do indivíduo ou nas condições peculiares à sua pessoa, sem razões outras que a justifiquem e amparem.

[312] DAHL, Tove Stang. *Op. cit.* p. 93.

Nos artigos 215[313] e 216,[314] posse sexual e atentado ao pudor mediante fraude, respectivamente, têm-se duas discriminações sobre o sexo feminino - a honestidade e a virgindade. Deixa-se à margem da proteção do Estado aquelas mulheres ditas "desonestas" ou as que não mais possuam o atributo físico da virgindade.

Qual o sentido que a lei penal imprime à palavra "honestidade"? É em Noronha[315] que se encontra:

"Mulher honesta é a honrada, de decoro, decência e compostura. É aquela que sem pretender traçar conduta ascética, conserva, no entanto, no contato diário com seus semelhantes, na vida social, a dignidade e o nome, tornando-se, assim, merecedora do respeito dos que a cercam. Não vivendo no claustro nem no bordel, justamente é quem mais pode ser vítima do crime, donde logicamente a necessidade de proteção legal."

E prossegue o ilustre doutrinador[316] conceituando o que seria a "mulher desonesta":

"(...) embora não sendo barregã, é fácil prodigalizadora de seus favores. Mulher desonesta não é somente a que faz mercancia do corpo. É também a que, por gozo, depravação, espírito de aventura,

---

[313] Art. 215 do Código Penal - "Ter conjunção carnal com mulher honesta, mediante fraude.
Pena - reclusão de 1 (um) a 3 (três) anos.
Parágrafo único. Se o crime é praticado contra mulher virgem, menor de 18 (dezoito) e maior de 14 (catorze) anos:
Pena - reclusão, de 2 (dois) a 6 (seis) anos".
[314] Art. 216 do Código Penal - "Induzir mulher honesta, mediante fraude, a praticar ou permitir que com ela se pratique ato libidinoso diverso da conjunção carnal:
Pena - reclusão, de 1 (um) a 2 (dois) anos.
Parágrafo único. Se a ofendida é menor de 18 (dezoito) e maior de 14 (catorze) anos:
Pena - reclusão, de 2 (dois) a 4 (quatro) anos".
[315] NORONHA, Edgard Magalhães de. *Op. cit.* p. 141.
[316] Idem.

etc., entrega-se a quem a requesta. Não é só o intuito do lucro que infama a posse da fêmea. A conduta da horizontal, muitas vezes, é digna de consideração, o que não se dá com a de quem, livre das necessidades, se entrega tão-só pelo gozo, a volúpia ou luxúria."
Certamente que o sentido da palavra *honestidade*, ligada ao comportamento sexual, não é, hoje, o mesmo que vigorava em 1940. Segundo o dicionário,[317] *honesta é a pessoa íntegra, proba, reta, decente, correta, honrada*. Mas a jurisprudência continua presa a vetustos conceitos, tais como:

"Mulher honesta não é somente aquela cuja conduta, sob o ponto de vista da moral sexual, é irrepreensível, senão também aquela que ainda não rompeu com o mínimo de decência exigido pelos bons costumes. Só deixa de ser honesta a mulher francamente desregrada, aquela que inescrupulosamente, *multorum libidine patet*, ainda que não tenha descido à condição de autêntica prostituta. TJRJ - AC - Rel. Octávio Stucchi - RTJSP 9/578."[318]

"Só deixa de ser honesta a mulher fácil, que se entrega a todos que a desejam, que desrespeita franca e abertamente as convenções sociais. É a mulher de vários homens, desregrada e de costumes dissolutos, que se entrega por interesse ou depravação, sem guardar o mínimo de ética sexual exigível. Nesse sentido RT, 436:342.[319]

Mulheres de vários leitos não poderiam certamente preocupar o legislador, com a insignificante ofensa à liberdade sexual, consistente em que elas, que se entregam a todos, entregarem-se a alguém me-

---

[317] Ferreira, Aurélio Buarque de Hollanda. *Op. cit.*
[318] FRANCO, Alberto Silva e Outros. *Op. cit.*, p. 1300.
[319] Idem.

diante ardil. TJSP - AC - Rel. Cavalcanti Silva - RT 346/342".[320] Posse sexual mediante fraude. Delito não caracterizado. Ausência do requisito da honestidade da vítima. Mulher que costumava receber homens em sua casa para fins libidinosos. Absolvição mantida. Inteligência do art. 215 do Código Penal. RT 436/342".[321]

Hungria,[322] analisando o delito tipificado no artigo 216 (atentado ao pudor mediante fraude) e sustentando o acerto do Código Penal em afastar da proteção legal a mulher desonesta, assim se manifesta:

"A proteção penal da liberdade sexual contra a fraude deixa de beneficiar a mulher desonesta, não porque esta haja decaído do direito de livre disposição do próprio corpo (pois, de outro modo, não se compreenderia que pudesse ser sujeito passivo do crime de estupro), mas porque, em tal caso, o coito fraudulento não tem relevo suficiente para ingressar na esfera da ilicitude penal. O legislador, aqui, absteve-se, como o pretor romano, de cuidar de *minimis*."

O tratamento desigual entre homens e mulheres perante a lei é nítido na simples leitura dos delitos de posse sexual mediante fraude e atentado ao pudor mediante fraude. Como são chamados doutrinariamente de "estelionatos sexuais", sendo imprescindíveis, portanto, o artifício, o engano, o ardil e a fraude para a caracterização do tipo que exige a conjunção carnal ou dos atos libidinosos diversos dela, quer se trate de uma ou de outra figura, o sexo feminino é considerado intelectualmente inferior ao masculino, em mais uma

---

[320] Idem.
[321] MIRABETE, Julio Fabbrini. *Código* ..., p. 1275.
[322] HUNGRIA, Nelson. *Op. cit.*, p. 139.

flagrante discriminação. A mulher é discriminada por não lhe reconhecerem a mesma capacidade mental do homem; este é discriminado enquanto contemplado como sujeito ativo único.

Foi em Hungria[323] que se encontrou a justificativa para a exigência legal de um sujeito passivo mulher:

> "Cremos que o legislador foi levado a excluir o homem da proteção do artigo em apreço (art. 216), considerando-se primeiramente a maior dificuldade dele ser fraudado (...) trata-se agora da fraude, de uma luta de inteligências, difícil acreditar que um homem, por ignorante e atrasado que seja, possa, fraudado, praticar ou permitir que com ele se pratique ato libidinoso."

Acreditava-se, até pouco tempo atrás, que a mulher possuía menor capacidade de entendimento dos fatos da vida, inteligência inferior à do homem e possibilidades infinitas de ser enganada ou fraudada em sua vontade, graças a sua imaturidade mental permanente. A *propter sexus infermitatem et forensium rerum ignorantiam* já não tem, é verdade, a força com que imperava em estágios inferiores da civilização humana, mas tem ainda força bastante para inspirar textos legais que à mulher só, e só em razão do sexo, negam a plena capacidade de entendimento, alijando-a do gozo pleno dos direitos civis e políticos.

Carrara[324] insurgia-se contra o mito de ser a mulher menos dotada de inteligência que o homem, afirmando:

> "A inteligência da mulher é lúcida e suficientemente ordenada para torná-la capaz de compreender o dever que lhe cabe, tanto perante a lei religiosa e

---

[323] Ibidem. p. 145.

[324] CARRARA, Francesco. *Programa de Direito Criminal*. Tradução de José Luiz V. de A. Franceschini e J. R. Prestes Barra. São Paulo: Saraiva, 1956. p. 177-178. v. I.

moral, como perante a lei do Estado que a protege; nem se poderia fazer um código de exceção para a metade do gênero humano."

A honestidade da vítima ainda é exigida nos crimes de rapto violento ou mediante fraude[325] e no rapto consensual,[326] sendo que neste último, apesar de a lei não fazer referência expressa à honestidade, a doutrina é unânime em colocar tal atributo como ponto pacífico para a configuração da conduta punível.

Apesar de estarem colocados nos crimes contra os costumes, estes tipos penais têm, como traço marcante, na doutrina de Mirabete,[327] a proteção da ordem e a disciplina da vida sexual familiar. Protege-se, com eles, a própria organização da família, subvertida nos princípios indispensáveis à sua própria sobrevivência. A lei penal, perfeitamente coesa com o ordenamento jurídico como um todo, reforça o poder do pai dentro da estrutura de uma sociedade eminentemente patriarcal e repressora.

A imposição da lei quanto à idade da vítima no rapto consensual (maior de 14 e menor de 21 anos) reforça a posição antes esposada, ou seja, como o pátrio-poder cessa quando a mulher completa 21 anos, conforme preceitua o artigo 9º do Código Civil,[328] este foi também o limite fixado pelo Código Penal para manter as rédeas do pai sobre a sexualidade de suas filhas.

---

[325] Art. 219 do Código Penal -"Raptar mulher honesta, mediante violência, grave ameaça ou fraude, para fim libidinoso.
Pena - reclusão, de 2 (dois) a 4 (quatro) anos".

[326] Art. 220 do Código Penal - "Se a raptada é maior de 14 (catorze) e menor de 21 (vinte e um), e o rapto se dá com o seu consentimento.
Pena - detenção, de 1 (um) a 3 (três) anos".

[327] MIRABETE, Julio Fabbrini. *Código...* p. 443-444.

[328] Art. 9º do Código Civil - "Aos 21 (vinte e um anos) anos completos acaba a menoridade, ficando habilitado o indivíduo para todos os atos da vida civil".

A jurisprudência pátria é assente no sentido de que:
"O delito de rapto consensual atinge a organização da família, mas a proteção legal somente pode ser estendida a esta quando a menor tem procedimento recatado, pois a honestidade da vítima se constitui, também, em um dos elementos do crime em apreço. TACRIM-SP - AC - Rel. Ferreira Leite - JUTACRIM 14/166.[329]
Não deixa de ser honesta a menor submissa ao pátrio poder só porque contra ele rebelada, não por impulsos de devassidão e incontinência de conduta, mas por mero anseio de liberdade que a moral média da sociedade hodierna tolera e que a ofendida via gozarem suas companheiras de idade e de categoria social. TJSP - Rel. - Rel. Acácio Rebouças - RJTJSP 22/540 e RT 445/385.[330]
O delito de rapto configura-se mesmo com a adesão da raptada porque a lei protege, em primeiro lugar, a organização da família, isto é, a razão de punir não se encontra na ofensa feita diretamente à ofendida, mas por atingir a honorabilidade do lar paterno. RT 487/362.[331]
A objetividade jurídica do delito de rapto é, sem exclusividade, o pátrio poder e a autoridade tutelar. Assentada a organização da família sobre as bases atuais, incumbindo aos pais e tutores o direito-dever de ter a menor com eles, orientando-a na vida em sociedade, dirigindo-a principalmente na conduta sexual, inspirando-se para isto nas regras relativas aos bons costumes e à moral, a subtração da menor a esse poder surge como infração aos direitos que a lei confere aos seus responsáveis, como meio de facilitar-lhes o cumprimento dos pró-

---

[329] FRANCO, Alberto Silva e Outros. *Op. cit.* p. 1329.
[330] Idem.
[331] Idem.

prios deveres para com ela, não obstante sua aquiescência, a qual, tendo-se em vista os direitos paternos, não é válida. RT 456/414."[332]

A lei penal brasileira, no que se refere aos crimes contra os costumes, presume a honestidade inata de todos os homens e divide as mulheres entre honestas e desonestas. Efetivamente, diz Saffioti,[333] honesto não é adjetivo que se precise aplicar ao homem, pois, por definição, todos os homens estão neste caso. Não se passa o mesmo com as mulheres, que têm que provar merecer a proteção estatal mediante uma verdadeira devassa em suas vidas privadas. Não lhes é suficiente punição serem vítimas de crimes sexuais. Precisam passar por outro castigo, este desnecessário e aviltante: a prova de uma vida sexual sem mácula.

Um duplo discurso emerge da análise da doutrina e da jurisprudência: a sociedade masculina pune a "transgressão" sexual de suas esposas, filhas ou irmãs, mas a si própria permite e até certo ponto autoriza aquilo que aponta como falta de ética moral.

A noção de honestidade ligada ao comportamento sexual é ultrajante e ultrapassada; é um conceito que reduz a mulher a objeto sexual sem nenhuma outra finalidade social. Artigos de lei que ainda qualificam as mulheres desta forma e protegem apenas algumas mulheres, *as honestas*, em detrimento de outras, *as desonestas*, agem de forma discriminatória, preconceituosa e desigual, devendo, frente à isonomia constitucional, ser retirados do Código Penal.

Delito que apresenta uma peculiar forma de apresentar-se e onde fica ainda mais nítida a maneira desigual como a lei posiciona-se em relação aos dois sexos é

---

[332] MIRABETE, Julio Fabbrini. *Código* ....p. 1275.
[333] SAFFITOTI, Heleieth Iára Bongiovani. *Relações...*, p. 29.

a sedução, encontrado no artigo 217 do diploma penal.[334]

Seduzir, em sentido léxico, é *desviar da disciplina ou moral sexual*, e o vocábulo foi inserido no Código Penal de 1940 em substituição ao antigo *nomem juris* de "defloramento", utilizado pelo Estatuto de 1890, o chamado Código Republicano, leciona Hungria.[335] Ficou mantido, todavia, na configuração do crime, o elemento relativo ao precedente *status virginitatis* da ofendida, merecendo do doutrinador a colocação que:

"Dá-se menos importância à inocência do coração do que à integridade da membrana localizada entre a vulva e a vagina. A mulher desvirginada fora do casamento perde o seu valor social. Se alguém a desposa, inconsciente de sua defloração, o casamento pode ser anulado (Código Civil, artigo 219, IV[336])."

Para Hungria,[337] o mais seguro indício da honestidade de uma menor é, precisamente, a sua virgindade, por isto é que o Código Penal brasileiro conjugou, para a ocorrência do crime de sedução, os critérios *virgindade* e *honestidade*, pois não deixou sem proteção as menores que, embora já defloradas, conservaram-se honestas (sob o ponto de vista jurídico), enquadrando a conduta

---

[334] Art. 217 do Código Penal - "Seduzir mulher virgem, menor de 18 (dezoito) anos e maior de 14 (catorze), e ter com ela conjunção carnal, aproveitando-se de sua inexperiência ou justificável confiança:
Pena - reclusão, de 2 (dois) a 4 (quatro) anos".
[335] HUNGRIA, Nelson. *Op. cit.*, p. 152-153.
[336]Art. 219 do Código Civil: "Considera-se erro essencial sobre a pessoa do outro cônjuge:
IV - o defloramento da mulher, ignorado pelo marido". É importante ressaltar-se que o artigo transcrito encontra-se em vigor. A discriminação da mulher é marcada a ferro. A virgindade não é requisito que se aplique ao homem.
[337] HUNGRIA, Nelson. *Op. cit.*, p. 160.

daquele que as seduziu no crime de corrupção de menores previsto no artigo 218.[338]

O delito em apreço encerra verdadeiras "artes de Don Juan" por parte do homem que, aliciando a frágil vontade da menor com juras, excitamento e palavras de amor, desperta-lhe os pruridos latentes da voluptuosidade, fazendo com que "entregue" ao sedutor a flor de sua honra.[339]

Colhem-se, na jurisprudência, as decisões transcritas:

"Sedução. Delito não configurado. Vítima moralmente virgem, porém não anatomicamente. Estupro anterior praticado por assaltante. Da virgindade como requisito essencial do crime do art. 217 do Código Penal. Absolvição decretada. No Direito brasileiro, que incluiu o conceito comum de virgindade entre os requisitos do crime do art. 217 do CP, a mulher, ainda que casta, se já tiver praticado congresso sexual anterior não pode ser considerada vítima de sedução. RT 577/337."[340]

A sedução gravita em torno do casamento, pois a mulher honesta só se entrega confiante em próximas núpcias. RT 491/295. No mesmo sentido, TJSP:RT 554/349.[341]

"Exige-se a virgindade, a honestidade, a justificável confiança apenas da mulher. Somente ela poderá ser seduzida porque somente dela exige-se a castidade e a preservação da ética sexual. O hímen intacto é um presente unilateral que ela deve dar ao marido, obrigatoriamente, uma vez que através

---

[338] Art. 218 do Código Penal - "Corromper ou facilitar a corrupção de pessoa maior de 14 (catorze) anos e menor de 18 (dezoito) anos, com ela praticando ato de libidinagem, ou induzindo-a a praticá-lo ou presenciá-lo.
Pena - reclusão, de 1 (um) a 4 (quatro) anos".
[339] HUNGRIA, Nelson. *Op. cit.*
[340] MIRABETE, Julio Fabbrini. *Código...* p. 1280.
[341] Ibidem, p. 1285.

dele provará a honestidade de caráter que, até o momento, não era presunção absoluta."

A forma qualificada do delito de sedução, ou seja, a exigência de *justificável confiança da vítima* no sujeito ativo, demonstra que o legislador, aplicando o discurso norteador do Código (masculino, sexista e criador de gênero), vê no sexo feminino (e apenas nele) a capacidade de se deixar enganar por promessas de noivado oficial, casamento, por intenções sérias de compromisso futuro. Exclui o homem da proteção legal, discriminando-o indevidamente, visto que nenhum óbice pode ser encontrado para que o indivíduo do sexo masculino possa ser vítima dos crimes aqui abordados.

Resta a análise do artigo 231 do Código Penal, ou seja, o tráfico de mulheres.[342]

Apesar de a prostituição em si mesma não constituir conduta relevante para o Direito Penal, a prática do comércio sexual, que se traduz em lenocínio e tráfico de mulheres, sempre esteve associada ao gênero feminino e à pobreza.

Permanece, contudo, uma questão fundamental, segundo Saffioti,[343] que merece ser trazida à discussão:

"Se a prostituição deriva de condições econômicas precárias e mesmo insustentáveis, a extração sócio-econômica das prostitutas deveria, sempre, ser a mais baixa possível. Mas, dentre as prostitutas encontram-se mulheres procedentes de estratos médios e, embora mais raramente, mulheres pertencentes a camadas mais altas. Se a prostituição constituísse apenas a solução amoral para a sobre-

---

[342] Artigo 231 do Código Penal - "Promover ou facilitar a entrada, no território nacional, de mulher que nele venha a exercer a prostituição, ou a saída de mulher que vá exercê-la no estrangeiro.
Pena - reclusão, de 3 (três) a 8 (oito) anos".

[343] SAFFIOTI, Heleieth Iara Bongiovani. *Mulher Brasileira:* Opressão e Exploração. Rio de Janeiro: Archiamé, 1984, p. 32.

vivência física de mulheres, certamente as prostitutas seriam recrutadas nas camadas mais baixas, cujos salários exigissem complementação ou cujo desemprego impelisse ao ganho através da prestação de favores sexuais. Entretanto, a prostituição não pode ser vista como fenômeno ligado à pobreza em termos absolutos, mas encarada em termos de fenômeno vinculado à pobreza relativa e à inadequação entre meios e fins nas sociedades competitivas."

Ao afirmar a independência econômica individual, as sociedades de classes deparam-se com uma contradição básica, qual seja: afirmam a independência econômica de seus membros masculinos e negam-na aos femininos.

A prostituição e o lenocínio, quer sob a forma de proxenetismo, rufianismo ou tráfico de mulheres são fatos derivados de uma mesma origem - a desigualdade com que a sociedade trata homens e mulheres.

O comércio do sexo acaba legitimado numa sociedade de dupla moral, que não distribui uniformemente e de maneira justa as possibilidades de acesso aos canais de ascensão social, prossegue Saffioti,[344] enquanto inculca aspirações de promoção na escala de posições sociais.

A mensagem de ascensão social e riqueza passada aos indivíduos, sejam homens ou mulheres, reflete uma das facetas do discurso cultural. Outra, a de que o poder da cultura associado à sexualidade, reprimindo-a apenas para as mulheres, pode ser sustentada na fundamental afirmação de Foucault:[345]

"(...) aquilo que não é regulado para a geração ou por ela transfigurado não possui eira, nem beira, nem verbo, nem lei. É ao mesmo tempo expulso, negado e reduzido ao silêncio. Se for mesmo preciso dar lugar às sexualidades ilegítimas, que vão

---

[344] Ibidem, p. 33.
[345] FOUCAULT, Michel. História..., p. 10.

elas incomodar noutro lugar: que incomodem lá onde não possam ser reinscritas, senão nos círculos de produção, pelo menos nos do lucro. O *rendezvous* e a casa de prostituição serão tais lugares de tolerância, e é neles que ficarão confinados a prostituta, o cliente, o rufião. Longe dos olhos da família tradicional e burguesa e, enquanto não incomodarem e se prestarem, discretamente, aos desígnios do prazer a que não se alude para não se quebrar a ordem natural das coisas que contam, devem ser toleradas."

Apesar de a lei penal incriminar a conduta daqueles que exploram a prostituição da mulher, quer em casas próprias a este fim, quer na forma de rufianismo, a sociedade convive com ela, sabendo-a disfarçada em clubes noturnos e sob a aparência de mero entretenimento, sem mercancia sexual. Mas este triste fato não é privilégio do Brasil e nem é de hoje. Nicole Arnaud-Duc[346] já apontava para o exercício da prostituição nos países da Europa, notadamente em França, dizendo:

"Se sua prática é universal entre o grande número de países que reprimem o seu livre exercício, a França aplica-lhe um tratamento particularmente hipócrita (...). Até 1946 a prostituição não é proibida, é tolerada, o que não significa que seja regulamentada, bem pelo contrário. Considerada indispensável aos homens, fator de ordem pública e de proteção das jovens, deve no entanto ser mantida num espaço fechado, longe do olhar das mulheres honestas, sob vigilância panóptica da administração (...). A prostituição deve ser vivida em dissimulação e vergonha. Este 'sistema francês' constitui um verdadeiro ataque contra o sexo feminino, que suporta sozinho as conseqüências do 'deboche' praticado em comum pelos dois sexos (...)."

---
[346] DUC, Nicole Arnaud. *Op. cit.*, p. 113.

O tráfico de mulheres não é assunto novo. No final do século XIX, relata Arnaud-Duc,[347] o problema criado pelo tráfico de mulheres brancas para o exercício da prostituição em outros países não podia mais ser escondido e mobilizou a Imprensa e os políticos em Inglaterra, Bélgica, Áustria e Hungria. Um congresso reúne os europeus em 1899 e dele surgiu um verdadeiro mito que revelou a ansiedade decorrente da tomada de consciência de uma certa liberdade sexual da mulher e a xenofobia[348] e o racismo mais virulentos. As mulheres conheciam a natureza do "contrato" que pactuavam e aceitavam-no livremente. A revolta das classes dominantes fazia-se mais pelo sentimento de perda do poder que exerciam sobre a vida e a história das mulheres do que pelo interesse em protegê-las. Em seu íntimo, acreditavam os homens que as mulheres não podiam optar pela transgressão das normas sociais e, mesmo que de forma tortuosa, buscar quaisquer prazeres que não aqueles convencionados pelo peso das tradições. E se o fizessem que fosse então com os homens de sua aldeia ou cidade, não com estrangeiros. Fechavam os olhos ao fato de que talvez elas buscassem melhor paga pelos serviços prestados.

Em 1903, o Parlamento francês vota uma lei que apenas condena o comércio de mulheres vendidas por violência, fraude ou ameaça, punindo aqueles que obriguem uma mulher a prostituir-se.

Se em França e nos demais países da Europa Ocidental, mais fortes economicamente e nos quais as condições de vida eram, e são, significativamente melhores para as mulheres, as condições sociais reduzem-nas à pobreza quase absoluta, empurrando-as para prostituição fora de seu país, como meio de mantença própria e

---

[347] Ibidem, p. 114-115.

[348] *Xenofobia:* aversão a pessoas e coisas estrangeiras. FERREIRA, Aurélio Buarque de Hollanda. *Op. cit.*

de seus filhos ou pais, o que mais se pode dizer sobre a mulher prostituta no Brasil? A prostituição é um problema social, da mesma forma que o tráfico de mulheres o é. São dois lados de uma mesma moeda. Quanto ao primeiro, nenhuma ação governamental e social efetiva é tomada para erradicá-lo, apenas existe a não-incriminação. Para o segundo, a tipificação legal e a pena de prisão.

Sempre as mulheres, e é o que nos relata a sua história, foram o objeto utilizável para a satisfação sexual dos homens, tanto casados quanto solteiros. A esposa, mulher honesta, não se prestava à vazão da libido masculina e era resguardada, protegida, diminuída e igualmente aviltada, de outras formas, nos domínios da vida privada.

A proteção do Estado deve abranger ambos os sexos de forma idêntica, porque, segundo Dahl,[349] nada existe de errado em tratar diferentemente duas qualidades ou dois fenômenos desde que sejam diferentes e haja boas razões para o tratamento diferenciado, o que, certamente, não se aplica aos crimes aqui analisados.

Criar novos tipos penais, onde nenhum sexo é inferior ao outro, será o caminho do verdadeiro reconhecimento do princípio da igualdade. *O que não se faz ao homem não se faz à mulher*, defende Luiza Nagib Eluf,[350] pois *a discriminação é inaceitável. Nenhum sexo é inferior ao outro. Nenhum artigo de lei pode consolidar uma situação de injustiça.*

Já vai longe o tempo em que se negava às mulheres o exercício de um direito, da mesma forma que ficou perdido no passado o conceito de que o homem era o vilão natural da história. A mulher não pode continuar a ser vista como uma "meia-pessoa" ou uma eterna criança. Colocá-la como vítima é colocá-la à margem da

---

[349] DAHL, Tove Stang. *Op. cit.*, p. 41.

[350] ELUF, Luiza Nagib. *A lei...*, p. 11.

cidadania: a fragilidade feminina, originária do direito romano, não é uma enfermidade natural, mas antes o motivo de proteção de um menor ou de um incapaz.

Se aprovado o Anteprojeto para a alteração do Código Penal, ainda em tramitação no Senado Federal, o próprio título IV do Estatuto Repressivo em vigor sofrerá profunda alteração. O termo "costumes" cede lugar à expressão "dignidade sexual",[351] mais adequada aos novos tempos. Dignidade que consiste na reunião de todos os direitos inerentes à condição da pessoa humana, como a vida, a saúde, a educação, a honra e, inegavelmente, a dignidade sexual.

Os delitos de posse sexual mediante fraude, atentado ao pudor mediante fraude, rapto fraudulento ou mediante fraude e rapto consensual são retirados do elenco dos tipos penais incriminadores. Os crimes de sedução e corrupção de menores são reformulados em um novo tipo: *mediação para satisfazer a lascívia própria*.[352]

Os crimes de casa de prostituição,[353] rufianismo[354]

---

[351] Anteprojeto para a alteração do Código Penal (Portaria nº 232, de 24 de março de 1998). Título II - Dos Crimes Contra a Dignidade Sexual. Capítulo I - Dos Crimes contra a Liberdade Sexual. Estupro (art. 160), Atentado Violento ao Pudor (art. 161), Violação Sexual de Menor ou Incapaz (art. 163), Abuso Sexual de Menor ou Incapaz (art. 164), Satisfação da Lascívia Própria (art. 166), Ofensa ao Pudor do Menor (art. 167) e Assédio Sexual (art. 169).

[352] Art. 171 do Anteprojeto: "Induzir, mediante fraude, ameaça, promessa de benefício, casamento ou união estável, pessoa maior de quatorze anos e menor de dezoito, a satisfazer a lascívia do agente:
Pena- reclusão, de 1 (um) a 4 (quatro) anos, e multa".

[353] Art. 229 do Código Penal: "Manter, por conta própria ou de terceiro, casa de prostituição ou lugar destinado a encontros para fim libidinoso, haja, ou não, intuito de lucro ou mediação direta do proprietário ou gerente:
Pena - reclusão, de 2 (dois) a 5 (cinco) anos, e multa".

[354] Art. 230 do Código Penal: "Tirar proveito da prostituição alheia, participando diretamente de seus lucros ou fazendo-se sustentar, no todo ou em parte, por quem a exerça:
Pena - reclusão de 1 (um) a 4 (quatro) anos, e multa.
§ 1º. Se ocorre qualquer das hipóteses do § 1º, do art. 227;
Pena - reclusão, de 3 (três) a 6 (seis) anos, além da multa.
§ 2º. Se há emprego de violência ou grave ameaça:
Pena - reclusão, de 2 (dois) a 8 (oito) anos, além da multa e sem prejuízo da pena correspondente à violência".

e lenocínio[355] foram fundidos em um único tipo, o *lenocínio*,[356] inserido no Capítulo chamado *Da exploração sexual*, seguindo a terminologia das convenções internacionais. O atual crime de tráfico de mulheres recebe o nome jurídico de *tráfico de pessoas*,[357] contemplando homens e mulheres que venham a entrar em território nacional ou dele sair com a finalidade de exercer a prostituição e adequando-se ao preceito de tratamento isonômico aos dois sexos na lei.

A busca pela igualdade entre homens e mulheres, pela dignidade da pessoa humana e pela justiça como caminho indispensável para que aqueles ideais sejam efetivados já fez nascer os primeiros frutos. Pensadores de todas as áreas descortinam, dia a dia, novos horizontes aos indivíduos de boa vontade. Transformar idéias em consciência coletiva nunca foi tarefa fácil, pelo contrário. Mas no momento em que se persegue o justo, o equânime, o certo, o lógico, inevitavelmente ele virá. Todas as coisas passam sob o céu segundo um tempo a elas prescrito. É chegado o tempo do reconhecimento das diferenças entre os sexos. É chegado o tempo da igualdade entre eles.

---

[355] Art. 228 do Código Penal: "Induzir ou atrair alguém à prostituição, facilitá-la ou impedir que alguém a abandone:
Pena - reclusão, de 2 (dois) a 5 (cinco) anos.
§ 1º. Se ocorre qualquer das hipóteses do § 1º do artigo anterior:
Pena- reclusão, de 3 (três) a 8 (oito) anos.
§ 2º. Se o crime é cometido com emprego de violência, grave ameaça ou fraude:
Pena - reclusão, de 4 (quatro) a 10 (dez) anos, além da pena correspondente à violência.
§ 3º. Se o crime é cometido com o fim de lucro, aplica-se também multa".

[356] Art. 172 do Anteprojeto: "Organizar, dirigir, controlar ou tirar proveito da prostituição alheia; recrutar pessoas para encaminhá-las à prostituição; facilitá-la ou impedir que alguém a abandone:
Pena - reclusão, de 2 (dois) a 5 (cinco) anos, e multa".

[357] Art. 173 do Anteprojeto: "Promover ou facilitar a entrada, no território nacional, de pessoa que venha exercer a prostituição, ou sua saída para exercê-la no estrangeiro.
Pena - reclusão, de 3 (três) a 6 (seis) anos, e multa".

Conclusão

O princípio da igualdade, assegurado com maior ou menor amplitude em todas as Constituições Brasileiras, atingiu o seu ápice com a Carta Magna de 1988. A partir dela inúmeras discussões foram travadas para o deslinde deste preceito garantidor que atingiu a legislação infraconstitucional, instigou os operadores do Direito e motivou a opinião pública.

A garantia de tratamento equânime para os dois sexos não é tão fácil de ser cumprida quanto parece à primeira vista, uma vez que séculos de condicionamentos sujeitaram-nos aos papéis culturalmente aceitos. Para a compreensão da máxima constitucional, fazia-se necessário buscar nas diferenças inatas entre homens e mulheres o fundamento legal para a efetividade deste preceito magno. Devia-se, também, percorrer o caminho do entendimento do gênero. Portanto, algumas premissas necessitavam ser satisfeitas antes de atingir-se a perfeita compreensão do princípio da igualdade.

Esta obra foi elaborada a partir de várias vertentes. Imaginou-se uma história da humanidade para ser possível chegar-se ao sistema patriarcal vigente durante décadas na cultura social e jurídica. Para tanto, recorreu-se à mitologia nas suas diversas manifestações: os deuses gregos, a Cabala Judaica e a Bíblia Católica. E viu-se que, qualquer que fosse o parâmetro a ser adotado, tudo levava ao homem, indivíduo do sexo masculino, como centro do discurso do poder.[358] E o poder, enquanto legitimação, sempre foi outorgado pela sociedade ao homem, "imagem e semelhança de Deus", mais forte, mais preparado e "superior" à mulher.

A origem da opressão feminina não é devida unicamente ao seu sexo. Ela é, assim como o discurso masculino, fruto da cultura. Este estado de coisas permaneceu quase que inalterado durante longo tempo. A partir da Revolução Francesa, as mulheres descobriram que podiam lutar por um lugar na sociedade, pela saída dos afazeres únicos dos cuidados domésticos, da prole e da casa, e movimentaram-se para alcançá-lo. Reuniram-se, debateram, lutaram e não lograram êxito em seu intento. Todavia, foi a partir do século XIX que a questão feminina foi colocada na ordem do dia, e os reflexos daquelas reivindicações ecoaram na contemporaneidade.

O Movimento Feminista, nos anos setenta, reacendeu a polêmica da igualdade entre os sexos e brigou pelo fim da subordinação, da invisibilidade e da predestinação das mulheres aos papéis culturalmente alocados ao sexo feminino. Através de pensadores homens e mulheres, como Jacques Lacan, Simone de Beauvoir, Tove Stang Dahl, Maria Luiza Heilborn, Joan Scott, Letizia Gianformaggio e Alessandro Baratta, entre outros, criou uma consciência coletiva e postulou o tratamento igualitário na sociedade e nas leis. Levantou a questão do gênero e passou a utilizar este termo para salientar o caráter político da problemática feminina.

Os estudos das relações de gênero passaram a privilegiar o exame dos processos de construção das relações entre homens e mulheres e das formas como o poder articula-as em momentos social e historicamente datados, variando através e dentro do tempo e inviabilizando o tratamento da diferença sexual como "natural".

---

[358] FOUCAULT, Michel. *Microfísica...Op. cit.*

As estudiosas feministas encarregaram-se de tornar visível o personagem mulher, até então oculto no âmbito da vida privada, e de trazê-lo à luz como sujeito, inclusive como sujeito da Ciência, através de debates sobre o corpo feminino, seus afetos, seus prazeres, sua escolarização, seu ingresso na sociedade pelo mundo político, econômico e jurídico.

A construção do gênero passa pela desconstrução das dicotomias, posto que o próprio significado da diferença sexual é colocado em termos de oposição (natureza ou cultura, biologia ou socialização), o que é um modo de compreensão que está muito próximo da expressão anatomia-destino.

O gênero não é imutável, e sim fruto de uma construção social que continua a ocorrer de forma contínua na mídia, nas escolas públicas e particulares, na comunidade intelectual, nas práticas de vanguarda, nos tribunais, na família nuclear, extensa ou monoparental; em suma, em tudo aquilo que Louis Althusser[359] denominou de "aparelhos ideológicos do Estado".

O termo *gender* passou a ser usado pelas feministas como distinto de *sex*, rejeitando-se, assim, um determinismo biológico implícito no uso de termos como *sexo* ou *diferença sexual*. Por *sexo* têm-se os componentes biológicos e anatômicos e o intercâmbio sexual propriamente dito, enquanto o termo *gênero* é uma forma de indicar "construções culturais", a criação inteiramente social sobre os papéis adequados aos homens e às mulheres. Sendo o gênero uma categoria social imposta sobre um corpo sexuado, constitui ele a identidade do sujeito, faz *parte* do sujeito.

Por mais que pareçam ser a mesma coisa, *identidade sexual* e *identidade de gênero* não se confundem e deve-se pensá-las distintamente, posto que o primeiro conceito

---
[359] ALTHUSSER, Louis (*apud* LAURENTIS, Teresa de. *A Tecnologia...*, p. 209).

diz com a maneira como vivemos nossa sexualidade, e o segundo, com a condição mental de *sentir-se* homem ou mulher.

A identidade de gênero, conforme demonstrou-se no curso deste trabalho, é determinada não só pelo sexo biológico como pelas experiências vividas a partir do nascimento, momento do assinalamento do sexo. É na família que se transmite a primeira base cultural que norteará as condutas dos indivíduos de ambos os sexos e os papéis que cada um deles representará no grupo social. Como resultante do discurso cultural, aliado às determinações biológicas, tem-se a identidade de gênero.

Em 1988 a Carta Política do Brasil estabeleceu no seu Capítulo I, artigo 5º, a igualdade de todos perante a lei. Em aparente redundância, reforçou o preceito igualitário no capítulo referente à família, preceituando no artigo 226, § 5º, que os direitos e deveres relativos à sociedade conjugal serão exercidos igualmente pelo homem e pela mulher. E, neste momento, coube perguntar-se qual o sentido da palavra *igualdade*.

Igual não quer dizer idêntico. Os seres humanos não são idênticos entre si, pois mesmo em se tratando de dois homens ou de duas mulheres, estes possuem características pessoais que os distinguem, como a raça, a crença, a escolarização, a idade, etc. A igualdade é uma relação que somente pode ser colocada entre duas entidades distintas, ou seja, entre um homem e uma mulher, porque é justamente nas diferenças existentes entre eles que repousa o fundamento jurídico do princípio da igualdade.

A diferença que pesava para as mulheres enquanto marca de inferioridade e razão de discriminação, no que se convencionou chamar de "diferença-exclusão", vem agora exibida, assumida, como sinal de seu valor intrínseco como indivíduo e também como fundamento da reivindicação de direitos, na denominada "diferença-especificidade".

A igualdade inclui as diferenças pessoais e exclui as diferenças sociais. Reside ela no valor associado de maneira não diferenciada a todas as pessoas, sem distinção, de modo que seu valor está no fato de que todas as diversas identidades fazem de cada pessoa um indivíduo distinto dos demais e de cada indivíduo uma pessoa como todas as demais. A máxima constitucional reside no fato de que todas as pessoas devem ser consideradas iguais precisamente porque são diferentes.

As garantias dos direitos de liberdade asseguram a igualdade formal ou política e podem ser encontradas nos Títulos I (artigo 3º, inciso IV), II (artigos 5º, I), e VIII, Capítulo VII (artigo 266, § 5º). A garantia dos direitos sociais assegura a igualdade substancial, preconizada nos Títulos I (artigo 3º) e VII (artigos 170, inciso VII, e 5º, incisos XLI e XLII). Os direitos do primeiro tipo são os direitos à diferença; os do segundo, o da compensação das desigualdades. As diferenças devem ser reconhecidas para serem respeitadas e garantidas, e as desigualdades devem ser reconhecidas para serem removidas ou compensadas.

O que vale em matéria de igualdade é a igualdade *na lei*, isto é, aquela que deriva da *própria lei*, e é justamente aí que reside o ponto fulcral da questão - a lei encontra seus limites na igualdade entre os seres humanos e deve ser editada, sob pena de inconstitucionalidade, respeitando o princípio da isonomia entre os dois sexos. E isto foi o que se procurou demonstrar neste estudo.

Muitas vezes, para que se possa aplicar a igualdade constitucional, é necessário que certas medidas venham a ser tomadas para que indivíduos socialmente inferiorizados sejam efetivamente favorecidos. Surgem, então, as "ações afirmativas", também chamadas de "discriminações positivas". Destinam-se elas a realizar a igualdade material para aqueles socialmente inferiorizados através da geração de uma igualdade de fato. E como é sabido que as mulheres enfrentam maiores dificuldades no acesso ao mercado de trabalho e à educação, as ações afirmativas são muitas vezes acionadas para beneficiá-las. Aquilo que seria uma discriminação inicial acaba por tornar possível a aplicação do princípio da igualdade.

A linguagem dos Códigos, uma vez que esta análise fez uma passagem pelo Direito Civil, especialmente pelo Direito de Família, para chegar ao Direito Penal, é masculina, sexista e tem gênero. Concluiu-se ser masculina porque os valores aplicados ao direito que contemplam - igualdade, objetividade e neutralidade - são os masculinos, tomados como universais. Logo, tratar igualmente os dois sexos implica aplicarem-se os valores masculinos, já que a visão que se tem é do direito como uma unidade, e os benefícios englobam o homem como categoria unitária. Sexista, porque trata, na prática, diferentemente homens e mulheres, e a discriminação é um sistema de poder. Possui gênero, dado que as práticas jurídicas significam coisas diferentes para os dois sexos.

Apesar da proclamação da igualdade entre o homem e a mulher pelos organismos internacionais e pelas constituições democráticas do fim deste século, não está dissolvida a desigualdade de direitos entre os gêneros. A mulher continua a ser objeto da desigualdade, enquanto o homem é o sujeito, o paradigma desse pretenso sistema de igualdade. A questão transcende o discurso contemporâneo porquanto se funda no próprio seio da sociedade.

O modelo de masculinidade no direito é tão forte que termina por convencer a maioria das mulheres da lei que o Direito é assexuado, afirma Carol Smart.[360] O que não é outra coisa senão uma imposição para que elas

---
[360] SMART, Carol. *Op. cit.* p. 167-189.

aceitem que a lei da masculinidade governa a interpretação e a aplicação do Direito. O Código Civil Brasileiro de 1916 foi diretamente influenciado pelo Código Civil Francês de 1804. O sistema jurídico reduzia a mulher a um ser juridicamente incapaz. Este traço de exclusão da condição feminina marcou o patriarcado e fundou um padrão familiar sob a lei da desigualdade.

A proposta do Código Civil era assentada na família patriarcal, heterossexual, hierarquizada e matrimonializada, segundo Fachin.[361] A mulher sempre ocupou uma posição de inferioridade tanto na família quanto na sociedade. Sempre foi menos, pelo menos em relação ao homem. O lugar da autoridade, da representação da lei sempre foi dele, tanto que é normal dizer-se "o homem" para designar-se os dois sexos.

O lugar da mulher no Direito foi um "não-lugar", eis que marcada pela subordinação ao marido e pelo regime da incapacidade. Ainda hoje, embora sua condição social esteja evoluindo e o Direito Civil tenha passado a contemplá-la como sujeito da cidadania, a mulher continua a arcar com uma pesada carga. Em quase nenhum país seu estatuto legal é idêntico ao do homem, e mesmo quando os direitos são-lhe abstratamente reconhecidos, um longo hábito impede que encontrem nos costumes sua expressão concreta. Homens e mulheres constituem como que duas castas; os primeiros têm situações mais vantajosas, salários mais altos, maiores possibilidades de êxito que suas concorrentes recém-chegadas. Ocupam na indústria, na política, etc., maior número de lugares e os postos mais importantes. Revestem-se de um prestígio cuja tradição a educação da criança mantém. No momento em que as mulheres começam a tomar parte na configuração da sociedade,

---

[361] FACHIN, Luiz Edson. *Op. cit.*, p. 34.

esta sociedade ainda pertence aos homens. Eles bem o sabem, elas mal duvidam.

Heleieth Iára Bongiovani Saffioti,[362] de quem se tomaram por empréstimo algumas reflexões, coloca a questão da desigualdade entre homens e mulheres no mundo jurídico naquilo que chama de "discurso instituído" ou competente, por possuir uma linguagem institucionalmente permitida ou autorizada, interlocutores previamente reconhecidos como tendo o direito de ouvir e falar e conteúdo e forma autorizados segundo as esferas de sua própria competência. O discurso jurídico seria um discurso instituído.

Este discurso, sempre produzido a partir de posições de poder, guarda, na grande maioria dos casos, enorme distância em relação ao real. No próprio momento de sua produção, tem ele como referencial o passado, e não o futuro. Seria, sob este ângulo, mais do que conservador. Seria reacionário.

Os Códigos Civil e Penal, por integrarem a parte mais sedimentada da ideologia dominante, trazem em seu bojo a desigualdade entre os gêneros.

Todavia, o Estatuto Civil vem sofrendo profundas alterações a partir da Constituição Federal de 1988. O afastamento dos tratamentos discriminatórios contra a mulher tem sido o objetivo precípuo do legislador. Inúmeras alterações têm marcado o Direito de Família com o objetivo de adequá-lo ao preceito constitucional da eqüidade entre os cônjuges. Pai, mãe e filhos passam a ser vistos como entes individuais, merecedores de idênticos direitos à dignidade, às oportunidades, ao respeito. Os antigos conceitos patriarcais desapareceram para dar lugar aos direitos e deveres recíprocos entre os cônjuges. As novas formas de família foram reconhecidas e passaram a receber a proteção do Estado. Uma

---

[362] SAFFIOTI, Heleieth Iára Bongiovani. *Relações de Gênero*..., p. 31.

nova era descortina-se para o direito familiar, modernizado e constitucionalizado.

Todavia, constata-se que se o *discurso instituinte* ou *não autorizado* permeou para a Carta Política do país com a ampliação dos direitos de segunda geração - os direitos à igualdade material, tornando possível a efetivação do princípio da igualdade, o mesmo ocorre, agora, com a Portaria nº 232, de 24 de março de 1998, o chamado Anteprojeto para alteração do Código Penal. É a voz dos menos favorecidos fazendo força para alcançar e modificar a lei.

Apesar disso, no âmbito penal, entretanto, poucas, para não dizer nenhuma, inovações são atualmente constatadas. O Estatuto Repressivo de 1940, especialmente em sua Parte Especial desde então inalterada, continua preso a conceitos anacrônicos, em absoluta defasagem com a modernidade, mantendo acentuadas discriminações de gênero.

A posição desigual da mulher no Direito Penal, quer na condição de autora ou de vítima do delito, passou a ser, segundo Baratta,[363] objeto crescente de atenção desta Ciência, e constatou-se que a quase totalidade dos casos de delinqüência feminina está associada ao exercício da sexualidade da mulher.

Foucault[364] assegura que a sexualidade humana aparece desde sempre como um ponto de passagem particularmente denso pelas relações de poder entre os indivíduos e, nestas relações, se não é ela o elemento mais rígido, certamente é um dos dotados de maior instrumentalidade, servindo, assim, às mais variadas estratégias. E é na mulher que a sexualidade foi severamente reprimida, vigiada e controlada. Sociedade patriarcal e religião aliaram-se na repressão da libido feminina.

---

[363] Baratta, Alessandro. *Criminologia*... p. 19.

[364] FOUCAULT, Michel. *História...Op. cit.*

Encontrou-se em Judith Walkowitz[365] a afirmação de que a sexualidade é o resultado de um processo político, social, econômico e cultural, ou seja, a sexualidade tem uma história, e esta história faz com que apareçam as grandes práticas delituosas da mulher: o aborto e o infanticídio.

Analisando-se os delitos de aborto e infanticídio, respectivamente contemplados nos artigos 124, 126 e 123 do Código Penal, viu-se o reconhecimento da lei penal para as diferenças biológicas e anatômicas entre homens e mulheres, penalizando as condutas da gestante que realiza em si mesma o abortamento ou permite a provocação do mesmo por terceiro, assim como criminaliza a ação da infanticida. As penas para estes crimes, todavia, são mais brandas.

O princípio da igualdade emerge soberanamente nesses tipos penais incriminadores. A mulher é considerada responsável perante o Estado pelos crimes que praticar, desde que possua capacidade de entendimento e determinação, ou seja, naquilo que se convencionou chamar de imputabilidade.

A *diferença-especificidade* entre os gêneros é valorizada e reconhece-se que o Estado não está a cumprir, a contento, com a sua função de "devedor" de direitos, continuando preso ao já ultrapassado papel de simples "garantidor" de direitos, conceito vigorante nas Constituições editadas sob a égide do liberalismo.

Cotejou-se o delito de aborto previsto no Código Penal com o seu Anteprojeto de alteração (Portaria nº 232, de 24 de março de 1998), em tramitação no Senado Federal, e constatou-se que todas as figuras delituosas existentes foram mantidas, sofrendo, contudo, redução nas penas cominadas. Às causas justificativas já existentes, outras foram acrescentadas no *aborto ético*, que foi

---

[365] WALKOWITZ, Judith R. *Op. cit.*

ampliado para alcançar os casos de gravidez resultante de violação da liberdade sexual da mulher ou do emprego não consentido de técnica de reprodução assistida e também quando existir fundada possibilidade de o nascituro vir a apresentar graves e irreversíveis anomalias físicas e mentais. Nesta hipótese, o abortamento depende do consentimento da gestante e da não-oposição justificada de seu cônjuge ou companheiro.

Analisou-se o infanticídio e ressaltou-se que a lei penal ainda mantém, neste delito, o controvertido conceito de *influência do estado puerperal*, a exigir a alteração biopsicológica da mulher infanticida, quando seria de todo conveniente reconhecer-se que ele, de regra, está associado à questão social ou à honra. A mulher que mata o próprio filho durante ou logo após o parto, ou age para ocultar a sua desonra ou em razão de seus insuficientes recursos financeiros. A motivação para a morte do nascido ou nascente é quase sempre social, e não fruto de alterações transitórias que obscureçam o entendimento e as emoções da autora.

A polêmica que este tipo penal envolve não é dirimida no Anteprojeto, pois ao substituir a expressão *influência do estado puerperal* por *influência perturbadora do parto*, mais uma vez a lei deixa de atacar o ponto fundamental do problema. A questão não é terminológica, e sim social. Não basta alterar-se a lei mediante o uso de uma ou de outra palavra que, no fim das contas, servirá de motivo para inúmeras discussões acadêmicas. A inegável questão social, norteadora da conduta da infanticida, somente encontrará sua expressão correta no Diploma Repressivo quando o legislador reconhecer que os direitos de cidadania da mulher delinqüente não são plenamente atendidos pela sociedade.

A igualdade não é um princípio idealizado para privilegiar as mulheres, e sim para que se possam reconhecer as diferenças biológicas e sociais entre os gêneros. Com relação às diferenças biológicas, a lei deve reconhecê-las e valorizá-las. As diferenças sociais devem ser removidas através de mudanças comportamentais e legais.

É, certamente, na parte do Estatuto Penal que se refere aos crimes contra os costumes que se encontraram os melhores exemplos de desigualdade de tratamento que a lei confere aos dois gêneros.

No momento mesmo em que abre a relação dos crimes contra a liberdade sexual, o Código Penal utiliza a palavra *costumes*. E o faz não com a intenção de tutelar todos eles, mas apenas os *bons costumes*, que são aquela parte da moralidade pública referente às relações sexuais.

Palavras como *virgindade* e *honestidade* aparecem nos tipos penais incriminadores da sedução (art. 217), posse sexual mediante fraude (art. 216), atentado ao pudor mediante fraude (art. 215), rapto mediante fraude (art. 219) e rapto consensual (art. 220). Como tem-se obrigatoriamente um sujeito passivo mulher, o Código Penal deixa à margem da proteção legal as desonestas e as que não mais possuam o atributo físico da virgindade, em cristalina discriminação.

A mulher é nesses delitos protegida porque considerada o "sexo frágil". Encontra-se patente a máxima *propter sexus infermitatem et forensium rerum*, que degrada e diminui o gênero feminino. Colocá-la como vítima exclusiva dos crimes de sedução, atentado ao pudor mediante fraude, posse sexual mediante fraude, rapto violento ou mediante fraude e rapto consensual é, no mínimo, aviltante. A fragilidade feminina é vista como motivo de proteção, o que somente seria admissível no caso de um menor ou de um incapaz.

Discrimina, igualmente, o homem, porque não o contempla em nenhuma hipótese como sujeito passivo dos delitos em apreço, sendo que nenhum óbice pode ser encontrado para que o indivíduo do sexo masculino possa vir a ser vítima daqueles crimes. Tratar diferentemente homens e mulheres apenas em razão do sexo é uma nítida prova de desigualdade na lei e afronta o princípio constitucional da igualdade.

A noção de honestidade ligada apenas ao comportamento sexual é um conceito que reduz a mulher a objeto, sem nenhuma outra finalidade social. Artigos de lei que ainda qualificam as mulheres desta forma e protegem apenas algumas mulheres em detrimento de outras, são discriminatórios, preconceituosos e devem ser retirados da lei, o que ocorrerá se aprovado o Anteprojeto de alteração do Código Penal.

O próprio título IV do Código Penal em vigor sofrerá profunda alteração com o Anteprojeto. O termo "costumes" cede lugar à expressão "dignidade sexual", consistente na reunião de todos os direitos inerentes à condição da pessoa humana e mais adequada aos novos tempos.

Os delitos de posse sexual mediante fraude, atentado ao pudor mediante fraude, rapto violento ou mediante fraude e rapto consensual são retirados do elenco dos tipos penais incriminadores. Os crimes de sedução e corrupção de menores são reformulados em um novo tipo: *mediação para satisfazer a lascívia própria*.

Por derradeiro, analisou-se o delito de tráfico de mulheres, passando-se, primeiramente, pelas causas da prostituição. Apesar de esta não constituir crime em si mesma, a prática do comércio sexual sempre esteve associada ao gênero feminino e à pobreza. A mercancia feminina é um problema social, da mesma forma que o tráfico de mulheres o é. A prostituição e o lenocínio, quer sob a forma de proxenetismo, rufianismo ou tráfico de mulheres, são fatos derivados de uma mesma origem - a desigualdade com que a sociedade trata homens e mulheres.

Nesse preceito incriminador encontrou-se mais uma vez o sujeito passivo único, a mulher, sendo que é fato corriqueiro e notório prestarem-se também os homens à prostituição, sendo passíveis, portanto, de entrarem ou saírem do Brasil para exercê-la. Por que, então, não estender a eles o manto da proteção legal?

O Anteprojeto inova neste aspecto, e ao tráfico de mulheres dá o nome jurídico de *tráfico de pessoas*, passando a contemplar como vítimas do delito também os homens e adequando-se ao preceito constitucional da igualdade na lei.

A estrada que conduz à igualdade entre os indivíduos de gêneros diferentes é longa e repleta de percalços. Passa pelas transformações sociais, legais, pela consciência coletiva, e deve ser trilhada palmo a palmo, denodada e corajosamente.

Nunca é demais lembrar-se das palavras de Luiza Nagib Eluf:[366] "*O que não se faz ao homem não se faz à mulher. Nenhum artigo de lei pode consolidar uma situação de injustiça*".

Corretas, certas e justas modificações nos diplomas legais devem ser buscadas no sentido de se ver o verdadeiro princípio da igualdade entre os gêneros, marco de uma sociedade que persevera na luta pela isonomia entre os seres humanos, plenamente alcançado.

---

[366] ELUF, Luíza Nagib. *A Lei...*, p. 11.

Bibliografia

ALEXY, Robert. *Teoria de los Derechos Fundamentales*. Madrid: Centro de Estudios Constitucionales, 1997.

ALMEIDA, Silmara J. A Chimelato e. *O Nascituro no Código Civil e no nosso Direito Constituendo*. In: BITTAR, Carlos Alberto (coord). *O Direito de Família e a Nova Constituição de 1988*. São Paulo: Saraiva, 1989.

ALMEIDA JÚNIOR, Antônio Ferreira de; COSTA JÚNIOR, J. B. de O. *Lições de Medicina Legal*. São Paulo: Companhia Editora Nacional, 1977.

ARIÈS, Phillippe. *História Social da Criança e da Família*. Rio de Janeiro: Guanabara Koogan, 1981.

ASÚA, Luis Jiménes de. *Tratado de Derecho Penal*. 4.ed. Buenos Aires, Argentina: Losada, 1950. Tomo V.

BADINTER, Elizabeth. *Um Amor Conquistado:* O Mito do Amor Materno. Rio de Janeiro: Nova Fronteira, 1985.

BARATTA, Alessandro. O Paradigma do Gênero. In: CAMPOS, Carmen Hein de. (org). *Criminologia e Feminismo*. Porto Alegre: Sulina, 1999.

BASTOS, Celso Ribeiro e MARTINS, Ives Gandra. *Comentários à Constituição do Brasil*. São Paulo: Saraiva, 1989.

BEAUVOIR, Simone. *O Segundo Sexo* - Fatos e Mitos. Rio de Janeiro: Nova Fronteira, 1980.

BITENCOURT, Cezar Roberto. *Manual de Direito Penal*. São Paulo: Revista dos Tribunais, 1999.

——. *Lições de Direito Penal*. Porto Alegre: Livraria do Advogado, 1995.

BLEICHMAR, Emilce Dio. *O Feminismo Espontâneo da Histeria* - Estudos dos Transtornos Narcisistas da Feminilidade. Porto Alegre: Artes Médicas, 1988.

BLEICHMAR, Norberto e BLEICHMAR, Célia Leiberman de. *A Psicanálise depois de Freud*. Porto Alegre: Artes Médicas, 1992.

BLUM, Harold. *Psicologia Feminina* - Uma Visão Analítica Contemporânea. Porto Alegre: Artes Médicas, 1992.

BOBBIO, Norberto. *Liberdade e Igualdade*. Tradução de Almiro Pisetta e Lenira M. R. Esteves. Rio de Janeiro: Ediouro, 1996.

BRUNO, Aníbal. *Direito Penal*. Rio de Janeiro/São Paulo: Companhia Editora Forense, 1966.

BURKERT, Paul. *Mito e Mitologia*.. Rio de Janeiro: Ed. 70 Brasil Ltda., 1991.

CALLIOLI, Eugênio Carlos. A Igualdade Jurídica entre o Homem e a Mulher: Uma Manifestação do Direito como Justo. In: LEITE, Eduardo de Oliveira. A Igualdade entre o Homem e a Mulher Face à Nova Constituição. *AJURIS-RS* 61/19, jul. 1994.

CAMPOS, Carmen Hein de. *O Discurso Feminista Criminalizante no Brasil*. 1997. (mimio).

CAPELLIN, Paola. Ações Afirmativas: uma estratégia para corrigir as desigualdades entre homens e mulheres. In: LIGOCKI, Malô Simões Lopes e LIBARDONI, Marlene (coord). *Discriminação positiva, ações afirmativas:* em busca da igualdade. 2.ed. São Paulo: CFEME/ELAS, 1996.

CARRARA, Francesco. *Programma del Corso di Diritto Criminale*. Firenze, Itália: Casa Editrice Libreria "Frateli Commelli", 1912. v. III.

──. *Programa de Direito Criminal*. Tradução de José Luiz V. de A Franceschini e J. R. Prestes Barra. São Paulo: Saraiva, 1956. v. I.

COSTA JÚNIOR, Paulo José da. *Comentários ao Código Penal*. São Paulo: Saraiva, 1989.

DAHL, Tove Stang. *O Direito das mulheres* - Uma Introdução à Teoria do Direito Feminista. Lisboa, Portugal: Fundação Calouste Gulbenkian, 1993.

DELMANTO, Celso. *Código Penal Comentado*. São Paulo: Renovar, 1991.

DREYFUS, H. e RABINOW, P. *Michel Foucault - Uma Trajetória Filosófica: Para Além do Estruturalismo e da Hermenêutica*. Rio de Janeiro: Forense Universitária, 1995.

DUC, Nicole Arnaud. As Contradições do Direito. In: DUBY, Georges, PERROT, Michelle. *A História das Mulheres no Ocidente - O Século XIX*. Tradução Cláudia Gonçalves e Egito Gonçalves. [s.l.]: Afrontamento/Edibrasil, 1994.

DURHAN, Eunice. *Família e Reprodução Humana - Perspectivas Antropológicas da Mulher*. Rio de Janeiro: Zahar, 1993.

DURKHEIN, E. Las reglas del método sociológico. In: BITENCOURT, Cezar Roberto. *Manual de Direito Penal.* São Paulo: Revista dos Tribunais, 1999.

EISLER, Riane. *O Cálice e a Espada.* Rio de Janeiro: Imago, 1992.

ELUF, Luíza Nagib. Prática de Aborto. *Revista dos Tribunais,* n. 691, maio 1993.

——. A Lei Penal Precisa Reconhecer a Igualdade de Gênero que a Constituição Federal Instituiu. *Revista Literária de Direito,* ano III, 1997.

ENGELS, Friedrich. *A Origem da Família, da Propriedade Privada e do Estado.* Rio de Janeiro: Calvino, 1944.

FACHIN, Luiz Edson. *Elementos Críticos do Direito de Família.* Rio de Janeiro: Renovar, 1999.

FALCÃO, Joaquim. Direito da Mulher: Igualdade Formal e Igualdade Material. *In:* VERUCCI, Florisa. *O Direito da Mulher em Mutação.* Belo Horizonte: Del Rey, 1999.

FERNANDES, Paulo Sérgio Leite. *Aborto e Infanticídio.* São Paulo: Sugestões Literárias, 1972.

FERRAJOLI, Luigi. *Derecho y Razón:* teoria del garantismo penal. Madrid: Editorial Trota, 1997.

——. *Tolleranza e intollerabilità nello stato di diritto.* Madrid: Editorial Trota, 1994.

FOUCAULT, Michel. *A Microfísica do Poder.* Rio de Janeiro: Graal, 1996.

——. *História da Sexualidade* - A Vontade de Saber. Tradução de Maria Thereza da Costa Albuquerque e J. A Guilhon Alberquerque. Rio de Janeiro: Graal, RJ, 1997.

FRAGOSO, Heleno Cláudio. *Lições de Direito Penal.* Rio de Janeiro: Forense, 1990.

FRANCO, Alberto Silva e Outros. *Código Penal e sua Interpretação Jusrisprudencial.* 4.ed. São Paulo: Revista dos Tribunais, 1993.

FREITAS, Juarez. *A Interpretação Sistemática do Direito.* 2.ed. São Paulo: Malheiros Editores, 1998.

FRENCH, Marilyn. *Beyond Power.* New York: Summit Brooks, 1985.

FREUD, Sigmund. *Publicações Pré-Psicanalíticas e Esboços Inéditos.* Rio de Janeiro: Standart Brasileira das Obras Psicológicas Completas de Sigmund Freud/ Imago Ltda, 1987.

GIANFORMAGGIO, Letizia. Igualdade e Diferença: São realmente incompatíveis? In: BONACCHI, Gabriela e GROPPI, Angela (orgs). *O Dilema da Cidadania:* Direitos e Deveres das Mulheres. São Paulo: UNESP, 1994.

GRAVES, Robert. PATAI, Raphael. *Hebreu Myths.* www.zoon.com.br.

HEILBORN, Maria Luiza. *Gênero e Condição Feminina:* Uma Abordagem Antropológica. São Paulo: Imprensa Oficial do Estado de São Paulo, 1996.

HOLLANDA, Heloísa Buarque de. *Tendências e Impasses - O Feminismo como Crítica de Cultura.* Rio de Janeiro: Rocco, 1994.

HUNGRIA, Nelson. *Comentários ao Código Penal.* Rio de Janeiro: Forense, 1978.

JACOBI, Jalande. *Kamplex, Archetypus, Symbol in der Psycologie von Carl Gustav Jung.* Zurich: [s.ed.], 1957.

JAGGAR, Alison. *Feminist Politics and Human Nature.* Sussex: The Harvester Press, 1983.

JESUS, Damásio Evangelista de. *Direito Penal.* São Paulo: Saraiva, 1997.

KAPRA, Fritjov. *O Ponto de Mutação.* São Paulo: Cultrix, 1994.

KELSEN, Hans. *Teoria Pura do Direito.* 4.ed. Tradução de João Batista Machado. Coimbra, Portugal: Colecção Studium, Armênio Machado Editor, Sucessor, 1976.

LACAN, Jacques. *Os Conflitos Familiares na Formação do Indivíduo.* Rio de Janeiro: Zahar, 1988.

LAURENTIS, Teresa. *Feminist Studies/Critical Studies:* Issues, Terms and Contexts. Bloomington e Indianápolis. Indiana: University Press, 1986.

———. Tecnologia do Gênero. In: HOLLANDA, Heloísa Buarque de. (org). *Tendências e Impasses - O Feminismo Como Crítica de Cultura.* Rio de Janeiro: Rocco, 1994.

LEITE, Eduardo de Oliveira. A Igualdade de Direitos entre o Homem e a Mulher Face à Nova Constituição. *AJURIS-RS* 61/19, jul. 1994.

———. *Famílias Monoparentais.* São Paulo: Revista dos Tribunais, 1997.

LÉVI-STRAUSS, Claude. *O Olhar Distanciado.* Lisboa, Portugal: Ed. 70, 1983.

LISPECTOR, Clarice. *A Hora da Estrela.* Rio de Janeiro: Francisco Alves, 1977.

LOURO, Guacira Lopes. *Gênero, Sexualidade e Educação - Uma Perspectiva Pós-Estruturalista.* Rio de Janeiro: Vozes, 1997.

———. O Currículo e as Diferenças Sexuais e de Gênero. In: COSTA, M. V. (org). *O Currículo nos Liminares do Contemporâneo.* Porto Alegre: DP&A, 1998.

MAGGIORI, Giuseppe. *Diritto Penale.* Bologna: [s/ed.], 1953. v.2. Tomo 1.

MEHLER, Sidonia. Cien Años Después. In: LEINJIJ, Moisés. *Mujeres por Mujeres.* Peru: Biblioteca Peruana de Psicanálise, 1994.

MELLO, Celso Antonio Bandeira de. *O Conteúdo Jurídico do Princípio da Igualdade.* São Paulo: Malheiros, 1997.

MIRABETE, Julio Fabrini. *Manual de Direito Penal*. 6.ed. São Paulo: Atlas, 1991. v.2.

——. *Código Penal Interpretado*. São Paulo: Atlas, 1999.

MIRANDA, Darci Arruda. O Crime de Aborto. Em *Estudos de Direito e Processo Penal em Homenagem a Nelson Hungria*. Rio de Janeiro/São Paulo: Forense, 1962.

MURARO, Rose Marie. A Repressão dos Valores Femininos no Mundo e na Igreja. In: RIBEIRO, Helcion Pe. (coord). *Mulher e Dignidade - Dos Mitos à Libertação*. São Paulo: Paulinas, 1989.

NORONHA, Edgard Magalhães. *Direito Penal*. São Paulo: Saraiva, 1995.

PEDROSO, Fernando de Almeida. *Homicídio, Participação em Suicídio, Infanticídio e Aborto*. Rio de Janeiro: Aide Editora e Comércio de Livros, 1995.

PEREIRA, Rodrigo da Cunha. *Direito de Família - Uma Abordagem Psicanalítica*. Belo Horizonte: Del Rey, 1997a.

——. *Direito de Família Contemporâneo*. Belo Horizonte: Del Rey, 1997b.

PEREZ-LUÑO, Antonio-Enrique. *Derechos humanos, estado de derecho y constitución*. Madrid, Tecnoa, 1998.

PERROT, Michelle. Modernidades. In: FRAISE, Geniviève, PERROT, Michelle (orgs.) *História das Mulheres – O Século XIX*. Tradução de Cláudia Gonçalves e Egito Gonçalves. São Paulo: Afrontamento/Edibrasil, 1991.

——. O Nó e o Ninho. *VEJA 25*: reflexões para o futuro. São Paulo: Abril, 1993.

PRADO, Luiz Régis, BITENCOURT, Cezar Roberto. *Código Penal Anotado*. São Paulo: Revista dos Tribunais, 1997.

RÁO, Vicente. *Da Capacidade Civil da Mulher Casada*. São Paulo: Livraria Acadêmica Saraiva e C. Editores, 1922.

RAWLS, John. *Uma Teoria da Justiça*. Tradução de Almiro Pisetta e Lenita M. R. Esteves. São Paulo: Martins Fontes, 1997.

RIBEIRO, Leonídio. O Papel do Médico-Legista na Reforma do Código Penal. In: *Ciclo de Conferências sobre o Anteprojeto do Código Penal de Autoria do Ministro Nelson Hungria*. São Paulo: Imprensa Oficial do Estado de São Paulo, 1965.

ROCHA, Cármen Lúcia Antunes. Ação Afirmativa - O Conteúdo Democrático da Igualdade Jurídica. *Revista de Informação Legislativa*. Brasília: Senado Federal, jul./set. 1996.

SAFFIOTI, Heleieth Iára Bongiovani. *Mulher Brasileira*: Opressão e Exploração. Rio de Janeiro: Archimé, 1984.

——. Relações de Gênero - Violência Masculina Contra a Mulher. Pe. Helcion Ribeiro (coord). *Mulher e Dignidade - Dos Mitos à Libertação*. São Paulo: Paulinas, 1989.

SALDANHA, Nelson. *O Jardim e a Praça - Ensaio Sobre o Lado Privado e o Lado Público da Vida Social e Histórica*. Porto Alegre: Fabris, 1986.

SALLES, Nelson. *O Infanticídio na Legislação Brasileira*. Rio de Janeiro: Nacional, 1945.

SARLET, Ingo Wolfang. *A Eficácia dos Direitos Fundamentais*. Porto Alegre: Livraria do Advogado, 1998.

SASSON, Jean. *Princesa*. São Paulo: Best Sellers, 1994.

SCOTT, Joan. Mulher Trabalhadora. In: FRAISE, Geniviève, PERROT, Michelle (orgs.) *História das Mulheres - O Século XIX*. Tradução de Cláudia Gonçalves e Egito Gonçalves. São Paulo: Afrontamento/Edibrasil, 1991.

——. História das Mulheres. BURKE, Peter (org). *A Escrita da História - Novas Perspectivas*. São Paulo: UNESP, 1992.

——. Gênero: Uma Categoria Útil de Análise Histórica. *Educação e Realidade*, v. 20, n.2, Publicação Semestral da Faculdade de Educação da Universidade Federal do Rio Grande do Sul, jul./dez., 1995.

SILVEIRA, Euclides Custódio. *Direito Penal*. São Paulo: Max Limonard, 1959.

SLEDZIEWSKI, Élizabeth G. A Revolução Francesa - A Viragem. DUBY, Georges, PERROT, Michelle (org.). *História das Mulheres - O Século XIX*. São Paulo: Afrontamento, Edibrasil, 1994.

SMART, Carol. La mujer del discurso jurídico. In: LARRAURI, Elena (org). *Mujeres, Derecho Penal y Criminologia*. España: Siglo Veintiuno, 1994.

SÓFOCLES. *A Trilogia Tebana - Édipo Rei, Édipo em Colono, Antígona*. São Paulo: Jorge Zahar, [s.d].

STÖLLER, Robert J. *Masculinidade e Feminilidade - Apresentação de Gênero*. Porto Alegre: Artes Médicas, 1993.

TAMAGNO, Maristela Basso. Os Direitos Patrimoniais da Mulher Casada. BITTAR, Carlos Alberto (coord.). *O Direito de Família e a Constituição Federal de 1988*. Ed. Saraiva, SP, 1989.

TEMPORATOR, Frater. *A Cabala Desvendada*. Curitiba/Paraná: Grande Loja Rosacruz da Lingua Portuguesa, 1992.

TOLEDO, Francisco de Assis. *Princípios Básicos de Direito Penal*. São Paulo: Saraiva, 1991.

VAYNE, Paul. *Acreditaram os Gregos nos seus Mitos?* Lisboa, Portugal: Ed. 70 Ltda., 1987.

——. Do Ventre Materno ao Testamento. In: ARIÈS, Phillippe e DUBY, Georges (dir). *História da Vida Privada*. Tradução de Hildegard Feist. Rio de Janeiro: Companhia das Letras, 1990.

VERUCCI, Florisa. *O Direito da Mulher em Mutação - Os desafios da Igualdade*. Belo Horizonte: Del Rey, 1999.

VOLTAIRE. *Tratado sobre a Tolerância*. Tradução de Paulo Neves. São Paulo: Martins Fontes, 1993.

WALKOWITZ, Judith R. Sexualidades Perigosas. In: DUBY, Georges e PERROT, Michelle (dir). *História das Mulheres - O Século XIX*. Tradução de Cláudia Gonçalves e Egito Gonçalves. São Paulo: Afrontamento/Edibrasil, 1994.

WARAT, Luis Alberto. Sobre la dogmática Jurídica. *Revista Seqüência*, Florianópolis, SC, n. 2.

WESSELS, Johannes. *Direito Penal*. Porto Alegre: Fabris, 1986.

ZAFFARONI, Eugenio Raúl, PIERANGELI, José Henrique. *Manual de Direito Penal - Parte Geral*. 2.ed. São Paulo: Revista dos Tribunais, 1999.

ZIMLER, Richard. *O Último Cabalista de Lisboa*. São Paulo: Companhia das Letras, 1998.

O maior acervo de livros jurídicos nacionais e importados

Rua Riachuelo 1338
Fone/fax: **0800-51-7522**
90010-273 Porto Alegre RS
E-mail: info@doadvogado.com.br
Internet: www.doadvogado.com.br

Entre para o nosso *mailing-list*

e mantenha-se atualizado com as novidades editoriais na área jurídica

Remetendo o cupom abaixo pelo correio ou fax, periodicamente lhe será enviado gratuitamente material de divulgação das publicações jurídicas mais recentes.

Sim, quero receber, sem ônus, material promocional das NOVIDADES E REEDIÇÕES na área jurídica.

Nome: _____

End.: _____

CEP: _____-_____ Cidade: _____ UF:____

Fone/Fax: _____ Ramo do Direito em que atua: _____

Para receber pela internet, informe seu **E-mail**: _____

_____
assinatura

Visite nossa livraria na internet

www.doadvogado.com.br

ou ligue grátis
0800-51-7522

DR-RS
Centro de Triagem
ISR 247/81

CARTÃO RESPOSTA
NÃO É NECESSÁRIO SELAR

O SELO SERÁ PAGO POR

LIVRARIA DO ADVOGADO LTDA.
90012-999 Porto Alegre RS